史料纂集

通兄公記　第八

凡例

一、本書は、右大臣久我通兄（寶永六年〈一七〇九〉生、寶暦十一年〈一七六一〉薨、）の日記である。

一、本書には、記主による「愚記」の謙稱しか無いので、通兄公記の稱を用ゐた。

一、本書は、現在、享保九年〈一七二四〉より寶暦十一年〈一七六一〉に至る日次記と、若干の別記を存するが、本冊はその第八冊として、延享三年正月より延享四年十二月までの日次記を収めた。

一、本書の底本は、宮內廳書陵部所藏の通兄自筆原本である。

一、校訂上の體例は第一冊に掲げた凡例に從つた。

一、本書の公刊に當つて、宮內廳書陵部は種々格別の便宜を與へられた。特に記して深甚の謝意を表する。

一、本書の校訂は、今江廣道・平井誠二の兩氏が專らその事に當られた。併せて銘記して深謝の意を表する。

平成十四年六月

續群書類從完成會

目次

通兄公記 第八

（原表紙）

三十五

延享三年 自正月至十二月

（縦二六・六糎、横二〇・〇糎）

通兄本年三十八歳、正二位、權大納言、武家傳奏、十二月二十四日補儲君親王勅別當、

（1オ）

延享三年

正二位行權大納言源朝臣通兄 三十八歳

正月大

一日、丁酉、陰、

神宮以下の諸社遙拜
內侍所參詣
四方拜出御

（1ウ）

元旦參賀
攝家參賀
常御殿御祝
元日節會參仕公卿
續內辨萬里小路稙房
左右次將

（2オ）

曉更拜諸神、伊勢・石淸水・同末社・賀茂・稻荷・春日・吉田・祇園・北野・洛北八幡・御靈・今宮、
丑時許參內、先參內侍所、伴俊通（久我）朝臣、
四方拜、寅半時許出御、御裾賴要（葉室）朝臣、御劍家季（淸水谷）朝臣、奉行職事俊逸（坊城）、天曙之後事了、
予退出、
家中祝儀如例、
巳半時許伴俊通朝臣參町口（久我惟通邸）、次予參內、」
參賀之人〻於御學問所奉拜天顏（櫻町）、此後予退出、
攝家中參賀、御獻男方云〻、
御膳陪膳賴要朝臣云〻、
秉燭之後參內、常御殿御祝、天酌如例、今夜不賜扇、畢退出、于時亥半剋、
今夜節會、奉行職事賴要朝臣、公卿左大臣（一條道香）國栖以後早出、・右大臣（近衞內前）臨期不參、・內大臣（二條宗基）謝酒拜以後早出、・三條大納言（實顯）陣以後早出、・醍醐大納言（兼潔）陣以後早出、・万里小路大納言（稙房）續內弁、・民部卿（飛鳥井雅香）陣以後早出、・源中納言（六條）有起・帥（廣中納言（橋兼胤）陣以後早出、・源宰相（岩倉）恒具、御酒勅使、・左兵衞督（持明院家胤）宣命使、・右宰相中將（姉小路）公文、雜事催、・刑部卿（萩原兼武）謝酒拜以後早出、・大藏」卿（芝山重豐）一獻以後早出、少納言時名（西洞院）、辨說道（萬里小路）、次將左、實文朝臣（橋本）・家季朝臣・宗城朝臣（難波）・基名朝臣（石山）・實岳朝臣（武者小路）・公繩朝臣（阿野）、右、宜季朝臣（小倉）・兼久朝臣（町尻）・公城朝臣（德大寺）・公金朝臣（風早）・實胤朝臣（四辻）・

年始回禮
親王參賀
所司代參賀
親王前大臣參賀
差筵御禮
吉書御覽
常御殿御祝

隆古(高野)、

二日、戊戌、晴、
巳半時許具俊通朝臣參准后(二條舍子)御方・兵部卿宮(貞建親王)・同北方(秋子內親王)・博陸(一條兼香)・右相府等、次予參內、
參賀之人〻於御學問所奉拜天顏、
一品宮(直仁親王)・中務卿宮(職仁親王)參賀、御獻男方云〻、
牧野備後守貞通朝臣參賀、
晡時退出、向所〻、

三日、己亥、晴、
巳斜向所〻、次參內、」(2ウ)
參賀之人〻於御學問所奉拜龍顏、
式部卿宮(家仁親王)・兵部卿宮・帥宮(典仁親王)・常陸宮(音仁親王)・上野宮(邦忠親王)・上總宮(公仁親王)・前右大臣(醍醐冬熙)・大臣殿(久我惟通)・前內大臣(花山院常雅)等參賀、御獻男方云〻、差筵御礼光香(北小路)朝臣參、
吉書御覽、上卿廣幡(長忠)大納言、辨資興(日野西)、奉行職事光胤(烏丸)朝臣、
晡時予退出、向所〻、於葉室前大納言(賴胤)許盃酌數巡、入夜歸、
俊通朝臣今夜參常御殿御祝、

四日、庚子、晴、
巳斜向所々、次參內、未時許退出、」（3オ）參町口、且向所々、於賴要朝臣許須臾對話、俊通中將披露之事示告之、
五日、辛丑、晴陰、
辰斜葉室前大納言被來、同伴向牧野備後守（貞通）許、次向馬場（尚繁、京都町奉行）・三井（良龍、同）等宅、且詣所々、
所司代町奉行に年始回禮
午斜參內、申斜退出、
六日、壬寅、晴、
自頭左大辨（葉室賴要）許送御教書曰、
口宣一紙獻上之、早可令下知給之狀如件、誠恐謹言、
消息宣下
閏十二月廿八日　　左大辨藤賴要奉
進上　源大納言（久我通兄）殿」（3ウ）
延享二年閏十二月廿八日宣旨
常陸大掾源（板倉）勝興
宜任筑後守、
板倉勝興任筑後守

大外記に下知す

藏人頭左大辨藤原賴要奉

右答承了由、卽下知大外記師充(押小路)曰、

口宣一紙

常陸大掾源勝興

宜任筑後守事、

（4オ）

右、職事仰詞內々奉入之、早可被下知之狀如件、」

閏十二月廿八日　權大納言(久我通兄)判

大外記局

外様堂上御禮

午時許參內、

是日前左大臣(西園寺致季)・外様公卿殿上人御礼也、如例、

申斜退出、詣博陸、

男俊通白馬節會參仕を命ぜらる

俊通左中將を望む

例書を副ふ

その理由

（4ウ）

白馬節會、俊通朝臣可令候陣之旨、自光胤(烏丸)朝臣以觸折紙示之、加奉字了、」

俊通朝臣申左近衞權中將小折紙、今日附頭左大辨賴要朝臣、使辰祥(森)、副例書、陽春院殿(久我通言)九歳、・大臣殿十三歳、令任中將給例註之、累代昇進之家不及副例書事也、然而每度博陸被尋問家例之間、只附置于賴要朝臣計也、非謂注進意、

七日、癸卯、晴陰、入夜雪散、

午時許參內、未半時許退出、參賀之輩於御學問所奉拜天顏如例、

白馬節會參仕の公卿

續內辨廣幡長忠

白馬節會、奉行職事光胤朝臣、公卿左大臣臨期不參、・右大臣國栖以後早出、・內大臣白馬奏以後早出、・廣幡大納言續內弁、・今出川大納言(誠季)臨期不參、・新大納言尚實(九條)、謝酒拜以後早出、・甘露寺中納言(規長)謝酒拜以後早出、・勸修寺中納言(顯道)・新中納言通枝(中院)、・右兵衞」督(上冷泉爲村)謝酒拜以後早出、・右衞門督(鷲尾隆熙)御酒勅使、祿所、・新宰相中將公積(正親町三條)、宣命使、雜事催、・侍從三位(吉田兼雄)、謝酒拜以後早出、

（5オ）

左右次將

少納言行忠(石井)朝臣、辨俊逸、左近府信全(七條)朝臣臨期不參、・榮敦(大原)朝臣臨期不參、・師言(山科)朝臣・俊通朝臣・榮通(久世)朝臣・隆義(油小路)朝臣、右近府實觀(山本)朝臣・定之(野宮)朝臣・有美(綾小路)朝臣・有補(千種)朝臣・隆敍(四條)・有榮(六條)、

俊通節會參仕の爲參內服裝と行粧

岩倉恒具等俊通を扶持す

秉燭之程、源宰相(岩倉恒具)・東久世三位(通積)・植松三位(賞雅)等被來、此後俊通朝臣着束帶闕腋袍、躑躅下重、濃單衣、文小葵、浮線綾表袴、文窠霰、裏濃色、濃大口、螺鈿細劔、文菱、紫段平緒〔緌〕、魚袋、參內、隨身二人紅梅袴、前行、二行、取火、布衣雜色二人在後、二行、次笠持・沓持・雜色二人、各二行、雜色二人者、入夜之間取火、在隨身之前、次諸大夫二人右衞門大尉仲章(春日)・左衞門大志中原舊章旧章依爲六位衞府、闕腋袍、卷纓、」老懸、・衞府長右將曹源岑員(土山)等相從也、相公兩三品等路間相副被參、

（5ウ）

俊通朝臣昇高遣戸階、路間取笏、至此階下賜笏於從者昇、於便所休息、是近例也、每事三卿被扶持之、源中納言又同被扶持也、予此後參內、亥時許節會儀始、近仗引陣俊通進退無異事、之程、予在俊通傍教訓了退出、子時許俊通退出、內弁堂上之後退出云〻、

通兄俊通の傍にて教訓す

俊通內辨堂上の後早出

九條尚實拜賀著陣

新大納言尚實今日申拜賀被着陣云々、

八日、甲辰、晴、餘寒劇、

午時許參町口、次參內、未時許退出、

內々門跡參賀

今日內ゝ門跡參賀也、

後七日御修法始行 阿闍梨隆幸

（6オ）

自今日於南殿被行後七日法、阿闍梨前大僧正隆幸、尊壽院、奉行職事說道、

九日、乙巳、晴、

所司代邸に赴く 阿闍梨を慰問

巳時許葉室前大納言被來、同伴向牧野備後守許、次參內、未斜退出、此節詣後七日法阿闍梨休廬、歸家之便向所ゝ、

神宮奏事始

今日神宮奏事始、傳奏醍醐大納言、辨豐尙（日野西）、

十日、丙午、晴陰、雪散、

午時許參內、未斜退出、參町口、

十一日、丁未、晴陰、

午時許參內、晡時退出、

十二日、戊申、晴陰、

賀茂奏事始

（6ウ）

今日賀茂奏事始、傳奏」万里小路大納言、奉行職事俊逸、

阿闍梨を慰問

巳半時許參內、向後七日阿闍梨休廬、晡時退出、

今日大覺寺前大僧正不參、

今日賜五荷五合於後七日阿闍梨云々、

園基村烏丸光家敍爵

榮房(池尻)朝臣敍從四位上、隆古・隆敍等敍從四位下、基望(園)卿男藤原基村三才、・光胤朝臣男藤原光家《ズミ》三才、等敍從五位下、各去五日宣、

十三日、己酉、晴、

大臣殿令渡給、入夜令還給、

巳半時許參內、

諸禮

今日諸禮也、圓滿院前大僧正(祐常)・院家・諸寺・非藏人等」於清涼殿奉拜天顏、次田中・新善（7オ）法寺・醫師等於小御所奉拜天顏、事々如例、

入夜予退出、

十四日、庚戌、晴、

巳半時許參町口、次參內、

後七日御修法太元帥法結願

後七日法阿闍梨前大僧正隆幸・太元帥法阿闍梨權僧正道雅等於清涼殿奉拜天顏如例、

申斜退出、

御會始和歌題到來

來廿四日和歌御會始、題禁苑春來、早可令詠進之旨、從奉行新中納言(中院通枝)觸之、

十五日、辛亥、晴陰、

石淸水社遙拜
諸社參詣

早旦拜石淸水・同末社、詣榊」（7ウ）・洛北八幡・御靈社、

午時許參內、

參賀之人々於御學問所奉拜天顏如例、

將軍への年頭勅使並びに准后使仰付らる

被賀仰年首於將軍家(徳川家重)勅使之人體可被仰下哉、勅使可相兼准后御使哉之事、下官・葉室前大納言等附議奏八條前宰相(隆英)申入之処、兩人爲勅使可令下向、准后御使可相兼之由、被仰下了、

晡時退出、

御吉書三毬打

入夜更參內、御吉書・三毬打如例、了退出、

十六日、壬子、晴陰、

午時許參內、未斜退出、」

（8オ）十七日、癸丑、晴陰、

北野社參詣十首和歌を神前に於て音讀す

朝間詣北野、依中心有所思、詠十首和歌、兼詠之、書檀紙、今日隨身、於宝前微音讀之了、亦持歸、於奉納者、恥可他見麁吟之愚詠事之故也、

午時許參內、未斜退出、
秉燭之後、愛宕三位（通貫）被來、移剋被歸、
十八日、甲寅、朝間陰、雪散、
午時許參內、
下官・葉室前大納言・議奏衆等召御前、密被仰下旨有之、秉燭之後退出、

天皇武家傳奏議奏を召し密密仰下さるる旨あり

今日今出川大納言・平松三位（時行）・行忠・公金等朝臣被加近臣列、」

今出川誠季等近臣に加へらる

陰陽頭泰邦（土御門）朝臣以弟泰兄爲子可令相續之由、旧冬願申、父泰連卿同願之、先年、四十未滿之輩非病身、且無爲指故、養子之事不可願申之旨、被仰下、泰邦朝臣家業之傳授有之処、男子無之間、以泰兄爲子、家傳令相承度之意趣、依之雖未及四旬、以此故企願也、今日任請被仰下、有勅問于武家之処、可被任思食之旨被申之、

土御門泰邦嗣子なきにより弟泰兄を子となす事勅許

（8ウ）

十九日、乙卯、晴、
午時許參內、未時許退出、向久世前大納言（通夏）許、次參町口、
廿日、丙辰、晴、
新中和門院（櫻町天皇母后、近衛尚子）御忌、於般舟三昧院御法事、着座公卿大炊御門大納言（經秀）・今城前中納言（定種）・左兵衞督、散花殿上人總直（富小路）朝臣・長視（桑原）・丹波頼亮（小森）、奉行職事頼要」朝臣、

新中和門院御忌御法事
著座公卿
散花殿上人

（9オ）

卯半時許參般舟三昧院、獻葩、巳斜法會了退散、歸宅之後、更參泉涌寺、歸路之次、參青（尊祐親王）蓮院宮、次向頂妙寺、次向庭田宰相（重熙）許、弔喪也、

天皇御脱屣の思召あり茶地宮を儲君とし近く立親王あるべし

諸臣に告知す

宮中に於て番衆の召使ふ者を非藏人と稱す

姉小路公文等三人を儲君祗候となす

儲君御所は後院を用ゐその修補の間は今出川邸を假御殿とすべし

廿一日、丁巳、晴、

巳半時許參內、(9ウ)天龍寺・相國寺・建仁寺等參上、南禪寺・東福寺不參、於淸涼殿奉拜龍顏、下官・葉室前大納言・議奏衆等召御學問所、關白・左相府被候、被仰下云、御在位及十年之間、有御脫屣之思食、依之茶地宮(遐仁親王)被定御繼體、近〻可有立親王、此旨可存知、」且可示告于前左大臣幷番衆・番御免之輩等之由者、不言御脫屣之事、御繼體・立親王之事計可示之由也、先是召關白・左府・右府・內府・九條(尚實)大納言等被仰下歟、一品宮同被仰歟、可被傳于式部卿宮・兵部(卿脫カ)宮・中務卿宮・帥宮・常陸宮・上野宮・上總宮等之由歟、下官・葉室前大納言・議奏衆等傳申前左府、可被傳于前右兩府・前內府等、次於八景畫間示告于近臣第一醍醐大納言可被傳于近習之衆、・同小番御免烏丸(光榮)前大納言可被傳于近習小番御免之人〻、・內〻第一大炊御門大納言可被傳于內〻衆、・外樣第二六條(有起)中納言可被傳于外樣之衆、第一西園寺(公晃)前大納言依所勞不參之故也、・小番御免淸水谷(雅季)前大納言、可被傳于內〻・外樣小番御免之人〻、已上可被示小番未勤親族之事同示告之、次示信全朝臣水無瀨(經業)三位所勞、息師成依御宮之用事不參、仍自信全朝臣可被傳于水無瀨家、・大江(北小路)(10オ)俊包藏人各可存知、」等、於非藏人等當時於宮中番衆召仕者、假稱非藏人、中山(榮親)大納言可被告知之由示之、彼卿被支配非藏人也、此後更召下官・葉室前大納言・議奏衆於常御所傍、關白・左府被候、被仰下云、右宰相中將公文、・大藏卿・東久世(通積)三位等候于儲君御方可奉御用、此旨可仰三卿之由者、且儲君御殿可被用後院、〻〻修補之間、以今出川大納言宅可爲假殿事等、有御沙汰、此後各退去、於便所

仰可候于儲君御方之旨於三卿、

及晩更御于御學問所、下官・葉室前大納言・議奏衆賀申今日之儀、次召右宰相中將・大藏卿・東久世三位」等各賀申了、入御、於便所賜酒於諸臣、

入夜退出、參准后御方儲君御同居也、賀申、女房出逢、賜酒及數巡退出、

（10ウ）

所司代邸に赴く

廿二日、戊午、晴、

辰半時許向葉室前大納言許、同伴向牧野備後守、被定御繼體之儀叡慮悅思食之旨、昨日被出女房奉書、今日隨身之、附備後守也、

今日大乘院前大僧正去十三日依寺役不參、今日所被參上也、・蓮臺寺・本國寺等參內、

今出川邸を儲君假御殿となす

未時許參內、

儲君（遐仁親王）御假殿可被用今出川大納言宅之由、今日被仰下、」

（11オ）

入夜予退出、

消息宣下

自藏人辨（日野西資興）送御教書曰、

口宣一紙獻上之、早可令下知給之狀如件、

十二月廿二日　左中辨資興（日野西）奉

進上　源大納言殿（久我通兄）

日野資陽を従四位下に敍す

延享二年十二月廿二日宣旨

従五位下藤原（日野）資陽

宜敍従四位下、

藏人左中辨藤原（五條）資興奉

大内記に下知す

（11ウ）

予下知大内記曰、于時爲成卿爲大内記、仍所下知于彼卿也、

口宣一紙

従五位下藤原資陽

宜敍従四位下事、

右、職事之仰詞内々奉入之、早可令下知給之状如件、

十二月廿二日　權大納言通（兄）（久我）

大内記局

廿三日、己未、陰、

巳時許參内、

所司代參内儲君治定を賀す

（12オ）

牧野備後守貞通朝臣參武士候所、賀申被定御繼體之事、予・葉室前大納言出逢、次參准

三毬打

后御方云〻、

今日三毬打如例、

以女房大御乳、賜鮮肴於下官・葉室前大納言、

申半時許退出、參准后御方、過時自儲君賜御肴之時、未退朝、仍參入畏申也、次參町口、

廿四日、庚申、曉更迅雷數聲、雨降、

午斜參兵部卿宮、小時歸、

秉燭之後、向葉室前大納言許、次參內、

和歌御會始

和歌御會始也、予詠進、附懷紙於奉行(中院通枝)、亥時許事始、讀師」(12ウ)万里小路大納言、講師光胤朝臣、發聲民部卿、題者右兵衞督、奉行中院中納言(通枝)、臣下懷紙・出座之親王・大臣關白雖不參、被讀上、・所役輩・點者等之詠歌被讀上、反數如例、子半時許儀了退出、

廿五日、辛酉、晴陰、

午時許參內、未斜退出、

晩頭源宰相(岩倉恒具)・植松三位・有榮等被來、入夜被歸、

松木宗長任權大納言鷹司輔平任左中將

宗長(松木)卿任權大納言、輔平(鷹司)朝臣任左權中將、

廿六日、壬戌、晴、

午時許葉室前大納言被來、同伴向關東使織田淡路守(信倉)今日上京、旅館、須臾歸、

關東使織田信倉上京につき旅館を訪ふ

未時許參內、申斜退出、

(13オ)
廿七日、癸亥、晴、

自頭辨(葉室賴要)許送御教書曰、

消息宣下

口宣一枚獻上之、早可令下知給之狀如件、誠恐謹言、

閏十二月十六日　左大辨藤賴要奉

進上　源大納言殿

延享二年閏十二月十六日宣旨

平(岩城)隆光

岩城隆光敍從五位下任伊豫守

宜敍從五位下、任伊豫守、

藏人頭左大辨藤原賴要奉

(13ウ)
卽下知內記・外記曰、下知于大內記事、注去廿二日記、

大內記に下知す

口宣一紙獻之、早可令下知給之狀如件、

閏十二月十六日　權大納言通〔兄〕

大内記局

延享二年閏十二月十六日宣旨

平隆光

宜叙従五位下、

権大納言源通〔兄〕｜奉

大外記に下知す

(14オ)

口宣一紙遣之、早可被下知之状如件、

閏十二月十六日　権大納言判

大外記局

延享二年閏十二月十六日宣旨

従五位下平隆光

宜任伊豫守、

権大納言源判奉

關東使織田信倉參內

將軍前將軍世子より各獻物

三家獻物

信倉天顏を拜し天盃を賜はる

早旦自內賜鮮魚、今日依招關東使饗應也、是例也、自勾當內侍被傳仰、以取次侍爲使、」

(14ウ)
卯半時許葉室前大納言被來、此後織田淡路守信倉朝臣爲大樹(徳川家重)使入來、賜太刀・馬代・內書、其儀訖、羞酒饌、三枝伊勢守(守隆)來會于此席、信倉朝臣歸去之後、葉室前大納言相伴參內、此後信倉朝臣參入、牧野備後守貞通朝臣同參、信倉朝臣申將軍(徳川家重)家被賀年始之趣授內書、自大樹被獻御太刀一腰・御馬一匹代白銀千兩、・蠟燭千挺、自前大樹(徳川吉宗)御太刀一腰・御馬一疋、代白銀千兩、自大納言(徳川家治)御太刀一腰・御馬一疋、代白銀千兩、自尾張(徳川宗勝)・紀伊(徳川宗直)・水戸(徳川宗翰)三家獻上如例、下官・

(15オ)
賴胤卿參御前奏此趣、內書入御覽、次於清涼殿信倉朝臣拜」天顏、三度、大樹・前大樹・大納言等之使之儀也、申次予・賴胤卿相替勤之、次信倉・貞通等朝臣私拜天顏、申次光胤朝臣、各獻御太刀・馬代、次賜天盃畢、入御、關白於議定所被逢兩朝臣、次兩朝臣參准后御方、先是下官・賴胤卿等參入、女房出逢、信倉朝臣申入將軍家被申趣自大樹白銀三百兩、自前大樹・大納言白銀各二百兩進上之、畢、退散、此後下官依賴胤卿誘引向于彼卿許、信倉朝臣入來、大樹使也、賜太刀・馬代・內書、其儀畢、予・賴胤卿同伴向于信倉・貞通等朝臣許、謝申自關東賜物之事、日沒之程歸家、

廿八日、甲子、陰雨、

午時許參內、未斜退出、參町口、

(15ウ)
從勾當內侍許、來月三日舞御覽、可參入之由觸」之、書加奉候畢之由、

消息宣下

自頭辨光胤朝臣送御教書曰、

口宣一紙獻上之、早可令下知給之狀如件、

閏十二月十六日　右大辨光胤奉

進上　源大納言殿

松平賴邑任侍從

延享二年閏十二月十六日宣旨

從四位下源(松平)賴邑朝臣

宜任侍從、

藏人頭右大辨藤原光胤奉

(16オ)

大外記に下知す

下知大外記曰、

口宣一紙

從四位下源賴邑朝臣

宜任侍從事、

右、職事仰詞內〻奉入之、早可被下知之狀如件、

閏十二月十六日　權大納言判

下冷泉宗家正親町三條公積任權中納言

關東使參內歸府の暇を賜はる

綾小路有美等三名を儲君祗候となす久我惟通石清水社參詣

大外記局
宗家（下冷泉）卿前參議、・公積（正親町三條）卿參議中將、等任權中納言、」

（16ウ）廿九日、乙丑、宿雨至朝休、
卯半時許向葉室前大納言許、須臾織田淡路守信倉朝臣入來、被羞酒饌、田中出羽守（勝芳）來會、此後予与家主相共參內、信倉朝臣參長橋局方、予・葉室前大納言出逢、仰勅答之趣幷准后御返答之旨、次賜信倉朝臣歸府之暇、且賜物、次盃酌了、信倉朝臣退出、此後予退出、未斜葉室前大納言被來、同伴向信倉朝臣旅宿、授女房奉書也、

卅日、丙寅、陰、時ゝ雨降、
午時許參內、未時許退出、」
（17オ）有美（綾小路）朝臣・光香（北小路）朝臣・國榮（岡崎）等可候于儲君御方之由、昨日被仰下云ゝ、
大臣殿具少將（久我俊通）・鎚丸（久我惟孝）等令參石清水給、

二月大

一日、丁卯、晴、

日食
石清水社遙拜
諸社參詣
中院通枝勸進
和歌を詠進
日食により月朔參賀なし

日食、自巳至午、
早旦着衣冠拜石清水有供物、・同末社、次着淨衣參洛北八幡・御靈社、
新源中納言(中院通枝)勸進之初卯法樂題摘菫菜、令清書送之了、
依日食無參賀之儀、
未時許參內、晡時退出、參町口(久我惟通邸)、

(17ウ)

二日、戊辰、晴、
巳時許葉室前大納言(賴胤)被來、賜宣旨・位記於武家使也、須臾被歸、
午時許參內、未時許退出、
榮通朝臣(久世)入來、暫對話、

舞御覽
雨儀
舞樂目錄

三日、己巳、陰、時〻雨降、
巳半時許參內、
舞御覽也、依雨設舞臺於軒廊、自南殿御覽、
振鉾
萬歲樂　延喜樂
散手　貴德
桃李花　新靺鞨

(18オ)

太平樂　狛桙
甘州　林歌
五常樂　皇仁庭
陵王　納曾利
退出　長慶子

鶴包丁
日没により左右各二曲を止む

未斜事始、鶴庖丁如例、依日景傾、被止左右各二曲、（桃李花・新靺鞨・五常樂・皇仁庭、）及黄昏事了退散、

入夜源中納言（六條有起）・源宰相（岩倉恒具）・東久世三位（通積）等被來、盃酌數巡、及三更被歸、

(18ウ)

四日、庚午、陰、小雨、

午時許參內、未斜退出、

宮中御神事入

自今夜御神事、明後日春日祭、

五日、辛未、晴、

午時許參內、未斜退出、

晩頭有榮（六條）入來、暫對話、

六日、壬申、晴、

諸社遙拜

早旦拜伊世（勢）・內侍所、又拜春日・吉田、依春日祭也、

春日祭

春日祭、上卿甘露寺中納言(規長)、辨說道(萬里小路)、奉行職事俊逸(坊城)、
午時許參內、未時許退出、參町口、

勘解由小路資望日野資枝元服

七日、癸酉、晴、
故音資(勘解由小路)男資望元服、任兵部大輔、敍從五位上、聽昇殿、故資時(日野)卿男資枝元服、任侍從、
敍從」(19オ)五位上、聽昇殿、
巳斜向資枝許、賀元服也、次參內、未時許退出、
黃昏之程、愛宕三位(通貫)被來、移剋被歸、

所勞不參

八日、甲戌、陰雨、
依所勞不參、

所勞不參

九日、乙亥、陰、
依所勞不參、戌時許地震、

所司代邸に赴く

十日、丙子、降雨、晚屬晴、
巳時許葉室前大納言被來、同道向牧野備後守(貞通)許、次參內、未半時許退出、
三條大納言(實顯)被來、暫對話、
十一日、丁丑、陰、

下冷泉宗家拜賀著陣

關白一條兼香任太政大臣の御内意仰下さる

石清水社等遙拜

尊壽院前大僧正(隆幸)入來、對話、

(19ウ)

午時許參博陸(一條兼香)、次參內、未時許退出、

十二日、戊寅、晴、

冷泉中納言(下冷泉宗家)拜賀着陣也、仍巳斜行向、次參內、召下官・葉室前大納言・議奏別當(柳原光綱)・帥中納言(廣橋兼胤)・八條前宰相(隆英)等於御前、被仰下云、關白可被任太政大臣、於宣下日者、自關白可被申、此旨可傳仰者、關白依召被參御前、下官傳仰右之趣、關白謹奉之被畏申、此後各退去、

申斜予退出、參町口、

黃昏愛宕三位被來、暫時對話、

(20オ)

十三日、己卯、晴、

午時許參內、未時許退出、

十四日、庚辰、陰雨、雷一二聲、

午時許參內、未時許退出、入夜東久世三位(通積)被來對話、

十五日、辛巳、陰、小雨、

朝間拜石清水・同末社・祇園、

午時許參內、未斜退出、
晩頭源宰相・植松三位(賞雅)・有榮等被來、移剋被歸、

十六日、壬午、晴、

所勞不參

依所勞不出頭、

土御門泰兄元服

泰邦(土御門)朝臣男泰兄元服、任兵部少輔、敍従五位上、聽昇殿、

十七日、癸未、晴、

巳斜參町口、次參內、」

任官敍位
葉室賴要任參議
久我俊通任左中將
廣橋伊光清水谷公美敍爵
六條有起辭權中納言

(20ウ)

賴要(葉室)朝臣任參議、左大辨如旧、俊通(久我)朝臣任左近權中將、公麗(滋野井)朝臣任左近權少將、愛親(中山)榮親卿男、童形、任侍從、実岳(武者小路)・公金(風早)・範榮(長谷)等朝臣敍從四位上、實視(梅園)敍従四位下、季豐(中園)・長香(清岡)・長視(桑原)・益房(清閑寺)・時名(西洞院)・隆望(櫛笥)・說道(萬里小路)等敍正五位下、兼胤(廣橋)卿男藤原伊《コレ》光二歲、・家季(清水谷)朝臣男藤原公美《ハル》四歲、等敍從五位下、有起(六條)卿辭權中納言、

俊通任中將の經緯

俊通朝臣左中將勅許之事、從頭辨光胤(烏丸)朝臣以消息告之、去正月六日附小折紙於賴要朝臣望申之處、廿五日以輔平(鷹司)朝臣被任之了、雖然不被返出小折紙云々、廿七日以左宰相中將(正親町三條公積)被任權中納言、仍亦雖及闕、」依右之子細不更獻小折紙、至今日被許、畏悦之至也、

(21オ)

賴要朝臣依昇八座、傳宣之事与奪于光胤之間、自彼朝臣所告也、

俊通御禮參內

廣隆寺聖德太子像に下賜の御冠御衣を改著す

正親町實連補藏人頭

所司代邸に赴く

今出川誠季邸を儲君御假殿となすにより屋內を檢知す

俊通朝臣卽參內、付女房畏申、予同畏申、俊通朝臣退出之後、予相續退出、于時秉燭之後也、次俊通朝臣參准后(二條舍子)御方畏申、儲君(遐仁親王)御同居之間、同畏申、予參合于門下引率也、俊通朝臣參關白左府(一條道香)同居、・右內兩府(近衞內前・二條宗基)、亦向賴要朝臣謝披露之儀、・光胤朝臣謝傳宣下之儀、等許、予自准后御方直參町口、俊通朝臣向所〻之後、參町口、次相具歸、」(21ウ)

太秦廣隆寺太子御像着御之御衣依旧損、去冬僧徒等申請賜上之御衣、改着御者、先日被出御冠・御衣等、今日令改着御、高倉前大納言(永房)・清閑寺中納言(秀定)彼寺之執奏、等向彼寺奉整之云〻、是先例云〻、

十八日、甲申、陰雨、

午時許參內、未斜退出、

土御門三位(泰連)被來、暫對談、

右中將實連(正親町)朝臣補藏人頭、

十九日、乙酉、晴、

巳時許葉室前大納言被來、同伴向牧野備後守許、次參內、

未時許退出、与葉室前大納言向今出川大納言(誠季)」(22オ)第、今度被用儲君御假殿、依之家主去十六日被移于室町正親町人家、此家自武家所沙汰也、今朝取次之侍等參向、引渡畢、堂上歷覽別當・右宰相中將(姉小路公文)・大藏卿(芝山重豐)・東久世三位等參會、畢、還參內、須臾之後退出、

廿日、丙戌、陰、
午時許參內、未斜退出、
葉室前大納言・八條前宰相被來、
廿一日、丁亥、陰雨、雷一兩聲、
午時許參內、申時許退出、向久世前大納言(通夏)許、依出行不相逢、与息少將(榮通)小時對話、次參町口、
廿二日、戊子、晴、
午時許參內、晡時退出、

後鳥羽院御影供當座和歌御會

今日於記錄所有後鳥羽院御影供當座和歌御會云々、服者參入可相憚之旨、有御沙汰云々、」(22ウ)
秉燭之程愛宕三位被來、移剋被歸、
廿三日、己丑、陰雨、

所司代邸に赴く

巳斜葉室前大納言被來、相伴向牧野備後守許、次參內、黃昏之程退出、

儲君立親王の旬治定

儲君立親王之事、可爲來月中旬云々、
廿四日、庚寅、晴、

正親町三條公積正親町實連拜賀

新中納言公積卿(正親町三條)・頭中將実連朝臣申拜賀、

巳斜向頭中將許、次參內、未斜退出、

聖廟御法樂和歌詠進

明日聖廟御法樂和歌令清書、附奉行頭辨(烏丸光胤)了、

北野社參詣

廿五日、辛卯、陰雨、

朝間參北野、歸後拜菅神御像、畫・木、有供物、

(23オ)

午時許參內、未斜退出、

廿六日、壬辰、陰雨、晚屬霽、

午時許參內、未斜退出、

廿七日、癸巳、晴、

葉室賴要拜賀

左(葉室賴要)大辨宰相申拜賀、

午時許參內、晡時退出、參町口、次詣前左相府(西園寺致季)許、又參町口、此後歸、

廿八日、甲午、晴、

關白一條兼香任太政大臣宣下

今日關白被任太政大臣宣下也、上卿大炊御門大納言(經秀)、奉行職事光胤朝臣、

巳斜參關白、賀申今日之事、盃酌之後參內、

太政大臣拜賀

(23ウ)

未時許關白參入、扈從公卿左大臣・醍醐大納言(兼潔)・新大納言宗、(松木宗長)・清閑寺中納言・源宰相、恒、前驅兩貫首(烏丸光胤・正親町實連)」已下七人云々、被申拜賀、於晝御座御對面云々、

予晡時退出、向左大辨宰相許、祝昨日拜賀之事、次向父卿(葉室賴胤)許、同事、盃酌數巡、入夜歸、

大臣殿(久我惟通)巳時許令渡給、次被向博陸第、直令還町口給、

廿九日、乙未、晴、

坊城前大納言(俊將)被來、出逢、

太政大臣直衣始

午時許參內、日沒之程退出、今日關白任相國之後、直衣始云々、

近衛內前德川宗勝女を娶る

今日右相府嫁娶尾州中納言(德川)宗勝卿女(勝子)云々、

卅日、丙申、晴、

未時許參博陸、次參內、

花見宴を催し給ふ
應召輩

今日南庭花御覽、應召輩、左大臣・曼殊院宮(公啓親王)・前右大臣(醍醐冬熙)・前槐殿(久我惟通)・烏丸前大納言(光榮)・下官・葉室前大納言・押小路前大納言(實岑)・別當・帥中納言・裏松前中納言(益光)・按察使(綾小路俊宗)・難波前(宗建)中納言・山科前中納言(堯言)・八條前宰相・宮內卿(五辻廣仲)等也、各賜酒、入夜退散、

(24オ)

三月小

月朔參賀

一日、丁酉、陰、時々雨降、

巳半剋許參內、

參賀之人〻於御學問所奉拜龍顏（櫻町）如例、

未半剋許退出、參町口（久我惟通邸）、

入夜雷雨、

所勞不參

二日、戊戌、陰雨、至晩止、

依所勞不參仕、」(24ウ)

黃昏之程愛宕三位（通貫）被來、入夜被歸、

上巳の節參賀

三日、己亥、晴陰、

巳斜參町口、次參准后（二條舍子）御方・博陸（一條兼香）、次參內、

參賀之人〻於御學問所被拜龍顏、

鬪鷄

鬪鷄如例、

天皇讓位の叡慮を關白等に内々仰せらる

通兄等諫止し奉るも聞入れ給はず

近年之間、可有讓國之儀叡慮之趣、今日內〻被仰下于關白・左右內三府（一條道香・近衞内前・二條宗基）・議奏輩等、下官・葉室前大納言（賴胤）等自此間粗承之、聖算未令至三旬給、儲君（遐仁親王）未令長給、旁非可被急儀之旨、强雖申之、不令承引給、頻有御謙讓之叡念、此上何爲乎、」(25オ)日沒之程退出、

黃昏今出川大納言（誠季）被來、暫時對話、

四日、庚子、晴、

巳時許大臣殿(久我惟通)令渡給、及晩令還給、
午時許參內、申半時許退出、
五日、辛丑、陰雨、
午時許參內、未斜退出、
晩頭源宰相(岩倉恒具)・東久世三位(通積)・植松三位(賞雅)・有榮(六條)等被來、入夜被歸、
六日、壬寅、晴、

所勞不參

依所勞不出頭、
晩頭愛宕三位被來對話、入夜被歸、
七日、癸卯、朝間雨降、晩來霽、

所司代邸に赴く

(25ウ)
葉室前大納言被來、同伴向牧野備後守(貞通)許、次參內、黄昏退出、
八日、甲辰、陰、晩來雨降、
午時許參町口、次參內、未時許退出、
九日、乙巳、晴、
午時許參內、未時許退出、

下冷泉宗家邸の宴に赴く

申時許向冷泉中納言(下冷泉宗家)第、廣幡大納言(長忠)・葉室前大納言・淸閑寺中納言(秀定)等來會、盃酌數巡、

来年秋立太子以下御卽位に至る叡慮の趣を幕府に仰せられんが爲所司代を召し之を仰す

予亥半剋許歸、

十日、丙午、晴、午後陰、晚來雨降、

午時許參內、黃昏退出、」

(26オ)
十一日、丁未、晴、

午時許參內、未時許退出、此後須臾向大德寺、

十二日、戊申、晴、

巳斜參町口、次參內、日沒之程退出、

黃昏之程、愛宕三位被來、入夜被歸、

十三日、己酉、雨降、

巳斜參內、

來年秋立太子、冬御讓位、此後立后、次御卽位可被行叡慮之趣、今日被仰于將軍家(德川家重)、依召牧野備後守貞通朝臣參上、於小御所帝鑑畫間、關白(一條兼香)・左府(一條道香)・右府(近衞內前)・內府(二條宗基)列座、召貞通朝臣於其前、下官・葉室前」大納言等仰叡慮之趣、

(26ウ)
黃昏下官退出、

十四日、庚戌、陰雨、晚來止、

午時許參內、申半時許退出、

十五日、辛亥、晴陰、

諸社遙拜

朝間拜伊勢・內侍所・石淸水・同末社・吉田・祇園、

所司代邸に赴く

巳斜葉室前大納言被來、同伴向牧野備後守許、次參內、晡時退出、

晩頭植松三位・有榮等被來、入夜被歸、

十六日、壬子、晴、

儲君立親王宣下
御名遐仁
參仕公卿
勅別當今出川誠季

(27オ)

今日儲君御名字遐仁、勘進云〻、式部權大輔(唐橋在廉)立親王」也、公卿內大臣・今出川大納言勅別當、・新大納言(松木宗長)・冷泉中納言・新中納言(正親町三條公積)・右衛門督(鷲尾隆熙)・左大辨宰相(葉室賴要)、辨資興(日野西)、奉行職事光胤朝臣(烏丸)、親王家司実觀朝臣(山本)・有美朝臣(綾小路)・実岳朝臣(武者小路)・光香朝臣(北小路)・隆望(櫛笥)、職事國榮(岡崎)・時名(西洞院)、藏人源澄仲(慈光寺)・卜部兼矩(藤井)、侍者丹波賴亮(小森)、御監藤原資始、後院侍資邑子、松波、

巳半時許參內、

親王御方にて別當拜家司補任等あり

未時許事始、宣下之儀・拜等畢、諸卿相引參親王御方、准后御同居也、有別當拜・被補家司以下之儀等云〻、

(27ウ)

申半剋許下官參親王御方、葉室前大納言」・坊城前大納言(俊將)・別當(柳原光綱)・帥中納言(廣橋兼胤)等同被參、各附女房賀申今日之儀於親王・准后、賜酒之後、親王有御對面之事、此後各還參內、

御學問所にて近臣に酒を賜ふ
宴酣に及び御製あり

入夜御于御學問所、賜酒於近臣、及宴酣有御製、丑時許各退散、

今日獻鮮肴於內、金伏輪御太刀・御馬代、於親王、鮮肴於准后、
十七日、癸丑、晴、
午時許向源中納言(中院通枝)許、次參內、
(28オ)
昨夜御宴之間、賜松枝、有御製、仍今日獻愚詠、聊述微志賀申、
申斜退出、參町口、
十八日、甲寅、晴、
巳半時許參內、
牧野備後守貞通朝臣參賀、依立親王、賜酒了、參上于親王御方、先是下官・葉室前大納言參入、賜酒之後、貞通朝臣退出、次下官退出、
未時許向東久世三位許、次向葉室前大納言許、申半時許歸、
黃昏愛宕三位被來、入夜被歸、
(28ウ)
十九日、乙卯、晴陰、入夜疎雨、
午時許參內、
今日東本願寺僧正參上、於清涼殿奉拜龍顏、任官之御礼也、
未斜予退出、

昨夜宴の間松枝を賜はる御製あり通兄今日返歌を獻ず

所司代立親王参賀

久我俊通任左中將御禮參內

俊(久我)通朝臣參內、於小御所奉拜龍顏、任中將御礼也、申次俊逸(坊城)、去月十七日任中將、仍爲御礼拜天顏之事、付議奏申入也、近例如此、

將軍家賀使堀川廣益上洛につき旅宿を訪ふ

申時許葉室前大納言被來、同伴向堀川兵部大輔廣益朝臣自將軍家被賀儲君立親王使也、今朝上京、旅宿、

廿日、丙辰、陰晴、

諸社參拜

朝間詣榊・洛北八幡・御靈・北野、

巳半時許參兵部卿宮(貞建親王)、次參內、晡時退出、」

(29オ)
廿一日、丁巳、晴、

午時許參町口、次參內、晡時退出、

向八條前宰相(隆英)許、卽歸家、

廿二日、戊午、晴、

辰半剋許參內、

關東使參內儲君立親王を賀申す

被賀儲君立親王關東使堀川兵部大輔廣益朝臣參上、牧野備後守貞通朝臣同參、下官・賴(葉室)胤卿出逢、廣益朝臣申自將軍家言上之趣、卽下官・賴胤卿附議奏申入之、此後御于清涼殿、廣益朝臣拜天顏、大樹(徳川家重)・前大樹(徳川吉宗)・亞相(徳川家治)等使之儀也、仍三度奉拜天顏、申次下官・賴胤卿相替勤之、自大樹綿二百把・三種二荷、自前大樹綿百把・二種一荷、自亞相綿百把・二種一荷被獻之、次

將軍前將軍並びに世子より各獻物あり

廣益朝臣・貞通朝臣私拜天顏、申次実連朝臣(正親町)、次賜天盃訖、入御、次關白於議定」

(29ウ)
所被對面于兩朝臣、此後下官・賴胤卿參准后御方、次廣益朝臣・貞通朝臣參入、附下官・賴胤卿申

儲君准后にも參上各獻物あり

自將軍家言上于儲君之趣、（自大樹白銀二千兩・三種二荷、自前大樹白銀千兩・二種一荷、自亞相白銀千兩・二種一荷進上之、）次附女房申自將軍家被申于准后之趣、（自大樹白銀千兩・二種一荷、自前大樹白銀五百兩・一種一荷、自亞相白銀五百兩・一種一荷進上、）此後兩朝臣退出、相續予・賴胤卿退出、

關東使來邸

晚頭堀川兵部大輔被來相逢、大臣殿令渡給御對面、須臾之後被歸、

廿三日、己未、晴、

巳斜參內、

關東使長橋局に參る

通兄等勅答の旨を傳ふ

歸府の暇を賜ふ

關東使堀川兵部大輔廣益朝臣參于長橋局、」（30オ）下官・葉室前大納言出逢、依親王宣下、自關東以使御祝儀進上、叡感不斜、儲君・准后悅思食之旨仰之、次賜歸府之御暇、且給物之事仰之、次賜酒、此後廣益朝臣退出、（此次廣益朝臣被來此第、小時被歸云々、予未歸之間也、）未斜予退出、

申時許葉室前大納言被來、同伴向堀川兵部大輔旅宿、令隨身女房奉書也、

故二條綱平室榮子內親王薨ず

靈元院女二宮

三箇日廢朝

准后里第に御退出

今日申剋二品榮子內親王（靈元院女二宮、敬信院關白綱（二條）平公北方、自去月下旬積氣、至今月中旬腫、）薨、此旨葉室前大納言參內奏之、

自今日至明後日（廿五日、）三ヶ日廢朝、依此事准后令退出御里給、」

（30ウ）廿四日、庚申、陰、

所勞不參

依所勞不參、

廿五日、辛酉、宿雨今朝休、晚屬晴、

午時許參內、未時許退出、此後參准后御里、
黄昏之程向廣幡大納言許、戌半時許歸、

廿六日、壬戌、陰晴、

瑞龍寺門跡日護入滅　二條吉忠女九條輔實養子

午時許參町口、次參內、未半時許退出、
瑞龍寺日護安祥院關白吉忠(二條)公息女、後洞院關白輔実(九條)公養子、自去年春勞症云〻、今日入滅、仍美喜宮(盛子內親王)令退出准后御里給、依外姨也、

廿七日、癸亥、晴、

親王御料として關東より米千俵進上

午時許參內、未斜退出、參親王御方、晡時退出歸家、「
(31オ)
爲親王御料自關東米千俵進上云〻、

廿八日、甲子、晴、晚來陰、

所司代邸に赴く

巳時許葉室前大納言被來、同伴向牧野備後守許、依明後日發向于關東也、

東照宮奉幣發遣日時定

東照宮奉幣發遣日時定、上卿新大納言(松木宗長)宗、弁說道(萬里小路)、奉行職事実連朝臣、使左兵衞督(持明院家胤)、

通兄等に東行の暇を賜ふ

午斜參內、
今日下官・葉室前大納言賜東行之御暇、於御學問所望天顏、次賜御盃、亦召常御殿傍有賜物、晡時退出、參親王御方、女房出逢賜物、秉燭之後歸家、

坊城俊將議奏を免ぜらる 舊冬より中風を煩ふ

廿九日、乙丑、雨降、
巳半時許參內、
今日坊城前大納言(俊將)議奏之事被免之、自旧冬病氣、煩中風症、漸雖至快愈言語難辨、執筆不自由之間、辭申也、
仍辞申之間、任請所被仰下也、
未半時許退出、參親王御方、次詣右府、次參町口、小時歸、

○五行分アキ。

(31ウ)

四月大

(32オ)

通兄等關東に向ひ出發す 榮子內親王の御服假中により准后使を兼ねず

一日、丙寅、
今朝下官・葉室前大納言(賴胤)等下向于關東、被賀仰年首御使也、可相兼准后(二條舍子)御方御使之由、兼被仰下之處、依爲祖母宮(榮子內親王)御服假之間、不相兼、且儲君親王(遐仁親王)宣下御賀儀御使可兼勤之由被仰下、相兼親王御使、不兼准后御使、子細同上、烏丸前大納言(光榮)・難波前中納言(宗建)・右兵衞督(上冷泉爲村)・侍從三位(吉田兼雄)等爲將軍宣下以後之礼、去月廿七日發向于關東、

東行の間の事

東行之間之事、

庭田重煕任權中納言
中御門院御正忌
賀茂祭
准后御使所司代邸に赴き年首並びに親王宣下を賀せらる
所司代關東下向により參內
職仁親王男節宮貞建親王男堯宮親王宣下

(32ウ)
二日、重煕(庭田)卿任權中納言、実稱(三條西)朝臣敍正四位下、雅辰(白川)・宣條(伏原)」敍従四位下、賜去正月五日位記、

十一日、中御門院御正忌、於般舟三昧院被行御經供養、御導師權僧正祐辨、青蓮院々家、上乗院、

廿日、賀茂祭、使左中將榮敦(大原)朝臣、

廿五日、自准后昨日令參御壺祢給、被仰年首并親王宣下之賀儀於關東御使五辻三位盛仲、被向于牧野備後守(貞通)許、

(33オ)
廿六日、依牧野備後守下向于關東、廿九日發向、今日參內、拜龍顏(櫻町)、賜天盃、且給酒饌、又參准后御方、親王(遐仁)御同居、云々、以備後守下向之序、自上(櫻町)・親王・准后賜種々於」將軍(德川家重)・前將軍(吉宗)・大納言(家治)等、亦備後守有賜物云々、

五月八日、種德号節宮、上御猶子、実相院相續、中務卿宮(職仁親王)息、・德明号堯宮、上御猶子、勸修寺宮(尊孝親王)附弟、兵部卿宮(貞建親王)息、親王宣下云々、
種德親王別當甘露寺中納言(規長)、
德明親王別當清閑寺中納言(秀定)云々、」

○七行分アキ。

(33ウ)
五月小

九日、甲辰、晴、

通兄等關東より歸洛

今朝下官・葉室前大納言(頼胤)自關東歸洛、烏丸前大納言(光榮)・難波前中納言(宗建)・右兵衞督(上冷泉爲村)・侍從三(吉田兼雄)位等未歸京、

復命參內

午時許下官・葉室前大納言參內、言上關東御返事之趣、次參儲君御方(遐仁親王)、准后(二條舍子)御同居、申同旨、次參博陸(一條兼香)、次予參町尻(久我惟通邸)、[口]

十日、乙巳、陰、

所司代邸に赴き江戸での待遇を謝す

巳斜葉室前大納言被來、同伴向牧野備後守(貞通)宅、謝申於關東待遇以下之事、

(34オ)

來年御讓位の事幕府の意嚮により延引仰出さる

午時許參內、關白・左大臣(一條道香)・右大臣(近衛內前)・內大臣(二條宗基)・九條」大納言(尚實)・葉室前大納言・議奏衆依召參集、

來年御讓位之事、依自關東被申趣有之、御延引之旨被仰下、此儀雖有子細、依强無益、不勞筆、

申半時許退出、

十一日、丙午、陰、

午時許參內、晡時退出、參博陸、

十二日、丁未、晴、

通兄生母正忌により參內せず

先妣(細川利重女)正忌也、仍不參內、

辰半時許詣頂妙寺、
右兵衛督自關東歸洛、
十三日、戊申、陰、時々雨、
巳斜參町口、次參內、」(34ウ)未半時許退出、參准后御方、昨日賜御肴之事畏申也、
十四日、己酉、陰雨、
巳斜參兵部卿宮(貞建親王)・同北方(秋子內親王)・勸修寺宮(尊孝親王)里房、賀申堯宮親王(徳明親王)宣下之事、次參內、未斜退出、
烏丸前大納言・侍從三位等今日自關東歸洛、

神宮等遙拜諸社參詣

十五日、庚戌、晴、
拜伊勢・內侍所・石清水・同末社・吉田・祇園・今宮、依祭也、次詣榊・洛北八幡・御靈社、
午時許參內、未斜退出、詣右相府・右兵衛督等許、

所勞不參

十六日、辛亥、陰、
依所勞不參、」(35オ)

土御門泰連先月將軍の爲に天曹地府祭を修す

榮通朝臣(久世)入來、暫言談、
晩頭土御門三位(泰連)入來、先月爲將軍家(徳川家重)祈、被修天曹地府祭、其齋中所祈念之神符二枚被授之、誠芳志之至也、予厚謝之、

種徳親王實相院に入寺得度

種徳親王今日令入実相院室得度給、戒師前大僧正祐常、圓滿院、甘露寺中納言(規長)・右衛門督(鷲尾隆熙)・植松三位(賞雅)等參會云々、自父宮(職仁親王)被語云々、殿上人可尋記、

法名增賞

法名增賞云々、

十七日、壬子、陰、

今出川誠季の所惱を訪ふ

巳斜參町口、次詣今出川大納言(誠季)訪所惱、・前右府(醍醐冬熙)・一品宮(直仁親王)・按察使(綾小路俊宗)・新中納言(庭田重熙)等許、次參內、未斜退出、」

申時許向民部卿(飛鳥井雅香)許、暫言談之後歸、(35ウ)

十八日、癸丑、陰晴、時々雨降、

徳明親王勸修寺に入寺得度

德明親王今日令入勸修寺室得度給、公卿清閑寺中納言(秀定)・左兵衛督(持明院家胤)已上入寺之扈從、得度之時着座、・五辻三位(廣仲)、得度之時扶持、殿上人榮房朝臣(池尻)入寺之後、前物陪膳、親王・重度朝臣(大原)・実視朝臣(梅園)・長香(清岡)已上入寺之前驅、等、自兵部卿宮・勸修寺宮等被語云々、得度戒師僧正賢賀、東寺住侶、觀智院兼帶、院家号淨土院、

法名寛寶

親王法名寛寶云々、

巳斜向勸修寺宮、秉燭之後歸家、

勢多章典を久我家諸大夫となし正六位下織部正の敍任を申請す

中原章典《ノリツネ》廿才、称号勢多、故大判事章堅朝臣末子、今度爲當家諸大夫、申正六位下・織部正小折紙、昨日付頭辨光胤(烏丸)朝臣、」

(36オ)

十九日、甲寅、陰雨、

所勞不參

依所勞不參、

民部卿被來、扶病相逢、

廿日、乙卯、陰雨、

所労不參

依所労不參、

前左相府(西園寺致季)被來臨、扶病謁之、

廿一日、丙辰、陰雨、雷數聲、至晩雨休、

午時許參親王(遐仁)御方、畏申去十九日賜物之事、次參內、未斜退出、詣篝宮(恒子内親王)・烏丸前大納言等許、

申斜參町口、次詣久世前大納言許、暫言談之後歸、

關白勢多章典の敍任申請を認可せず

中原章典申正六位下・織部正之事、今日頭辨」光胤(森)朝臣招辰祥朝臣示云、小折紙令內覽

(36ウ)

之処、關白被命、華族家新所立之諸大夫、始所申之位者、皆六位從上也、於章典モ可申

從六位上、然者織部正不相當之間、可望申他官之由也、仍返授小折紙云々、親王・攝關

通兄の見解

家新取立之諸大夫、近來皆始申正下六位、何有如此差別乎、然而執柄之命難違背事歟、

廿二日、丁巳、陰、時々疎雨、

北野社參詣

朝間參北野、

難波宗建將軍に丸組冠懸緒の進上を幕府承認す

難波前中納言被來面談、進上丸組懸緒於將軍家之事、今度於關東被願之処、可被進上之

(37オ)

由、今日自」高家示來云々、

当座和歌御会
通兄詠進す
勢多章典従六
位上内蔵権助
の叙任を申請
す

午時許参博陸、次参内、
於御学問所有当座和歌御会、下官出座詠進、秉燭之程退出、
中原章典申従六位上・内蔵権助小折紙、今日付頭辨光胤朝臣、
廿三日、戊午、陰、時々雨、
巳斜詣前左相府、次参町口、次参内、未時許退出、
申斜向所々、次向前源中納言(六條有起)許、言談移時、入夜帰、
(37ウ)
廿四日、己未、陰雨、
午時許向所々、次参内、未斜退出、
廿五日、庚申、陰晴、時々疎雨雷声、
午時許参博陸、次参内、申半時許退出、
廿六日、辛酉、晴、
民部卿被来、暫対話、
午時許参博陸、次参内、申斜退出、
日没之程、参兵部卿宮、次詣広幡大納言(長忠)許、入夜帰、
廿七日、壬戌、晴陰、雷鳴、

午時許參町口、次參內、未斜退出、「

(38オ)
廿八日、癸亥、晴、午後暴雨迅雷、

未時許參內、入夜退出、

愛宕三位(通貫)・錦織三位(従久)・家季朝臣(清水谷)・重度朝臣・實視朝臣・公諸(花園)等可候于儲君御方之由被仰下、

廿九日、甲子、晴陰、

午時許參博陸、次參內、申斜退出、參儲君御方、

愛宕通貫等六名儲君祗候仰下さる

六月大

一日、乙丑、晴陰、未後雷雨、

(38ウ)
巳斜參町口(久我惟通邸)、次參內、參賀之輩於御學問所」拜龍顏(櫻町)如恒、

今度難波前中納言(宗建)於關東進上丸組懸緒於將軍家(徳川家重)之事願申之処、歸京之後、任申可令進上之由、從高家示來、仍去月廿四日彼卿付八條前宰相(隆英)令申入其旨、懸緒之事、近代特飛鳥井家所自專、是以窺叡慮沙汰之、況今度非將軍家所望之処、彼卿不及窺叡慮、企願之趣、

月朔參賀

難波宗建將軍に冠懸緒進上の件叡慮を窺はざるは穩便ならず懸緒進上は飛鳥井家の自專

不穩便、然而自將軍家任請被命之上者、可任彼卿所存之由、有御沙汰也、

儲君御假殿に渡御
土御門泰邦反閉奉仕
御行粧は最略の儀

(39オ)
二日、丙寅、晴陰、未時許雷雨、
儲君(遐仁親王)今日令渡于御假殿今出川大納言(誠季)第、給也、巳半時許參准后(二條舍子)御方賀申儲君令渡御假殿給之事、次參內、午斜渡御、自長橋局車寄御出立、陰陽頭泰邦朝臣(土御門)奉仕反閉、御行粧最略之儀也、先是下官・別當(柳原光綱)等參御假殿、渡御之後賜酒饌、且有賜物、申時許還參內、賀申無事故渡御了之儀退出、大臣殿(久我惟通)令渡于此第給、須臾之後令還給云〻、予出行之間也、

所勞不參

三日、丁卯、晴陰、未時許雷、不雨、
依所勞不出頭、

(39ウ)
四日、戊辰、晴、晩來陰、
民部卿(飛鳥井雅香)被來對話、
午時許參准后御方、次參儲君御方、次參內、未時許退出、
晩頭向愛宕三位(通貫)・澤三位(忠量)・源宰相(岩倉恒具)・東久世三位(通積)等亭、於東久世三位許有盃酌、入夜歸、

五日、己巳、晴、
巳斜參町口、次參內、未時許退出、

六日、庚午、晴、未時許遠雷、

午時許參博陸、次參內、未時許退出、

七日、辛未、晴、

午時許參博陸、次參內、未時」(40オ)許退出、

六条少將(有榮)入來、暫對談、

愛宕三位被來對話、入夜被歸、

八日、壬申、晴陰、時々疎雨、

祇園旅所に參詣

朝間詣祇園旅所、

午時許參博陸(一條兼香)、次參內、未時許退出、

九日、癸酉、晴、晩頭陰、雷鳴、此後驟雨、入夜快晴、

未半時許參町口、次參內、

儲君假殿移御後初參內

申斜儲君令參給、令移御假殿給後、初度也、此後上(櫻町)御于御學問所、儲君令候御傍給、下官・葉室前大納(賴胤)言・別當(廣橋兼胤)・帥中納言・八條前宰相(隆英)等召御前、各賀申、次」(40ウ)番衆之近臣・奉從儲君御參輩等召御前、此後入御、於便所賜酒、

亥時許予退出、

儲君暫く內裏に候し給ふ

儲君暫可令候于內給云々、

所労不參

御嘉通に召さる

十日、甲戌、晴、
依所労不出仕、
來十六日御かつら可令參之旨、從勾當內侍以觸折紙被示之、うけ給候ぬ、ト書加了、

所労不參

十一日、乙亥、晴、
依所労不出仕、

聖廟御法樂和歌題到來

聖廟御法樂短册題云、鷹狩、到來、奉行源中納言（中院通枝）、答承了由、」

謠舞御覧あり
儲君初參內を賀せらるるか

(41オ)
十二日、丙子、晴、
未半時許參內、
內々謠舞御覧也、亥時許事了、賜酒、子時許退散、儲君令移御假殿給之後、初令參給之儀被賀歟、

和歌當座御會
通兄詠進す

今出川誠季辭權大納言

十三日、丁丑、晴、
午斜參町口、次參內、
於小御所和歌當座御會、奉行新中納言（庭田重熙）、予詠進不出座、了、秉燭之後退出、
（今出川）誠季卿辭權大納言・儲君親王別當等、依病危急也、
十四日、戊寅、晴、未時許雷雨、須臾之後屬晴、

祇園御靈會諸社遙拜

（41ウ）

朝之間拜祇園、依御靈會也、又拜伊世〔勢〕・內侍所・」吉田、
午時許參內、未半時許退出、

今出川誠季昨夜薨去

前權大納言誠季卿昨夜薨、疝積勞疫云々、
十五日、己卯、晴、未時許雷雨、須臾之後屬晴、黃昏之程雷雨、戌半剋許止、及深更快晴、

石清水社等遙拜

朝間拜石清水・同末社・洛北八幡・御靈、
午時許參內、晡時退出、
黃昏東久世三位被來、盃酌移剋被歸、
十六日、庚辰、晴、晩頭雷鳴、疎雨、
午時許參町口、次參內、

常御殿御祝通兄出座せず

常御殿御祝如例、予依脚痛不出座、」

（42オ）

申時許退出、
十七日、辛巳、陰晴、晩頭雷一兩聲、
午時許參內、未時許退出、
愛宕三位被來、入夜被歸、
十八日、壬午、陰晴、晩頭一兩聲、

巳半剋許葉室前大納言被來、須臾之後被歸、
午時許參一品宮(直仁親王)・前內府(花山院常雅)等、次參內、未時許退出、參町口、

久我惟通仙臺糒を獻上す

自大臣殿被獻仙臺糒於內、予持參、附女房、

(42ウ)

十九日、癸未、陰、疎雨屢沃、未時許雷電、

所勞不參

依所勞不參、

御遊始參仕の觸折紙到來

廿日、甲申、陰晴、
自実胤(四辻)朝臣許以觸折紙告曰、

追申、未剋可有御參集候也、

來廿三日可有御遊始、可令參仕給之旨、被仰下候也、

六月十九日　実胤

源大納言殿(久我通兄)　加奉字返遣、

已下略、

(43オ)

午時許參內、未時許退出、參博陸、
晩來向久世前大納言(通夏)許、須臾言談之後歸、
廿一日、乙酉、陰、

午時許詣右相府（近衞内前）、次參內、未半時許退出、

廿二日、丙戌、晴陰、

午時許參町口、次參內、未時許退出、

晩頭向入道前大納言（滋野井公澄、法名良覺）亭、須臾言談、次向源中納言第言談、入夜歸、

廿三日、丁亥、陰雨、巳後休、陰晴屢變、晩來疎雨、

御遊始
通兄所勞不參

今日御遊、依所勞不參之狀、示実胤朝臣了、

樂目錄

（43ウ）

御遊、平調〻子・萬歲樂・三臺急・陪臚殘樂三反、・林歌・鷄德・郢曲德是三反、云〻、音頭・附物笙廣音（薗）宿祢、篳篥季矩（東儀）朝臣、笛倫秋（豐）朝臣、殘樂笙廣經（林）宿祢、篳篥近光（窪）宿祢、笛昌春（岡）宿祢、鞨鼓兼陳（東儀）宿祢、太鼓則長（辻）宿祢、鉦鼓直秋（豐）云〻、

廿四日、戊子、晴、

午時許參兵部卿宮（貞建親王）・同北方（秋子內親王）、次參內、未時許退出、

月次御會並びに聖廟御法樂和歌を詠進す

月次御會和歌題云、苗代・別戀、附右兵衞督（上冷泉爲村）、聖廟御法樂和歌題云、鷹狩、附源中納言令獻了、

廿五日、己丑、晴、

北野社參詣

朝間詣北野、

盛子內親王病危篤

（44オ）

辰半時許自議奏衆有告、美喜宮（盛子內親王）御所勞甚重之由者、馳參內、尋問御樣體之処、自昨夕中

二品宣下
青蓮院宮里房に移る
准后里第に御退去

暑之症、有御積氣、至今曉御脈虚微、御手足厥冷云々、仍參准后御方、美喜宮御同居也、醫師濟々參集、療治無効驗、甚危急之御體云々、俄有二品宣下之事、消息、上卿中山大納言(榮親)、奉行職事光胤朝臣(烏丸)、申半剋許益御危急之間、可令移于他所被借用青蓮院宮(尊祐親王)里房、給云々、此後予還參內、小時退出、准后令退出于御里給云々、

盛子內親王薨去
今日より三箇日廢朝仰出さる

酉半剋美喜宮薨去之由告來、于時戌時許、卽」(44ウ)馳參內、葉室前大納言同參入、相共附議奏申入此旨之処、自今日至明後日三ヶ日廢朝之旨被仰下、此後付女房窺上・儲君之御氣色、儲君去九日令參給之後、未令退出給、畢退出、次改着布衣參准后御里、依右之事窺申御安否退出、

廿六日、庚寅、晴陰、晩來急雨、
朝間大臣殿令渡給、小時令還給、
午時許參內、未半時許退出、

水戸藩主徳川宗翰祖母逝去により所司代邸に弔問

廿七日、辛卯、晴陰、
巳時許葉室前大納言被來、同伴向牧野備後守(貞通)宅、去十七日水戸宰相(徳川宗翰)祖母(八重姫)常憲院(徳川綱吉)贈相國養女、逝去、依之訪申將軍家安否儀也、」(45オ)
午時許參內、未時許退出、
廿八日、壬辰、陰晴、
午剋許參町口、次參內、未時許退出、

愛宕三位被來、移剋被歸、

廿九日、癸巳、陰晴、

未時許參內、申時許退出、

卅日、甲午、陰晴、

清祓
吉田兼雄奉仕

午時許參內、申時許退出、

清祓、神祇權大副(吉田)兼雄、奉行職事說道(萬里小路)、

廣幡大納言(長忠)被來、移剋被歸、

七月小

一日、乙未、晴、

月朔參賀

巳斜參町口(久我惟通邸)、次參內、

御對面なし

(45ウ)

參賀之輩御對面之儀無之、

未斜退出、

二日、丙申、晴、

午時許參內、未斜退出、
黃昏之程、向廣幡大納言(長忠)許、言談移剋、報恩院実雅僧正來會、入夜歸、

七夕御會和歌題到來

七夕和歌御會題七夕天象、從中山大納言(榮親)許觸來、余出行之間也、翌日送使於彼納言許、示承之由、

三日、丁酉、晴、
午時許參內、未時許退出、

父惟通の實母七回忌

妙壽院尼公(久我惟通實母)七回忌辰也、大臣殿(惟通)於頂妙寺有修善事、」

(46オ)
四日、戊戌、晴、黃昏雷雨、入夜屬晴、
午時許參內、未剋退出、

盛子內親王葬送
寶蓮華院と號す

今日葬美喜宮(盛子內親王)号宝蓮華院、於般舟三昧院、

五日、己亥、晴陰、時〻小雨、晚頭南方雷鳴、
午時許參內、未時許退出、

六日、庚子、晴、晚陰、東南方微雷一兩聲、

所勞不參

依所勞不參仕、
東久世三位(通積)被來、扶所勞相逢、

七夕

七日、辛丑、晴、

參賀
御對面なし
御會和歌詠進中山榮親祖母死去により廣橋兼胤奉行す
草花を獻上
泉涌寺頂妙寺參詣
お目出度き事參仕の觸あり

巳斜參博陸（一條兼香）、次參內、
參賀之輩御對面之儀無之、
（46ウ）
未斜退出、
御會和歌付帥中納言（廣橋兼胤）令獻了、御會之事、兼中山大納言申沙汰之処、依祖母暇、昨日帥卿申沙汰之事被仰下、仍付彼卿了、
今朝書歌於梶葉奠二星、
八日、壬寅、晴、晩來驟雨雷鳴、
午時許參町口、次參內、附女房獻草花、未斜退出、
秉燭之後、愛宕三位（通貫）被來、移剋被歸、
九日、癸卯、晴、
午斜參內、未時許退出、
十日、甲辰、晴、
（47オ）
早旦參泉涌寺、歸路之次、詣頂妙」寺、晩頭參町口、
十一日、乙巳、晴、
午時許參內、未時許退出、
來十二日めてたき御盃まいる之間、可令參之旨、自勾當內侍以觸折紙被示、如例うけ給

賜物あり

お目出度き事所労不参

久我惟通燈籠を献上
天皇御違例漸く御快復の兆あり

盂蘭盆會参内せず例なり

中元参賀

候ぬ之由、書加了、

十二日、丙午、晴、

午時許參內、

以女房大御乳人、有賜物、

未時許退出、

今日御三間御祝、依所労不參、

十三日、丁未、晴、未斜雷雨、

午時許參內、」申時許退出、

(47ウ)

今日自大臣殿被獻燈籠、躑躅、

先月廿五日美喜宮(櫻町)薨之後、天氣乖和、至此比玉食進、漸令平復給、其後今日始參御前之処、未如御平常、

十四日、戊申、晴陰、晩來東方雷鳴、

今日不參、是例也、

十五日、己酉、晴、

巳斜具俊通(久我)朝臣參町口、次參准后(二條舎子)御方・博陸・右相府(近衛内前)、次參儲君(遐仁親王)御假殿、儲君先月令參內給、雖未令還給、有時儀、

御對面なし

仙臺藩主故伊達吉村女逝去吉村室は久我通誠女去年秋以降伊達家不幸相繼ぐ

諸社遙拜と參詣

火事

今日所參賀也、次參內、俊通朝臣小」(48オ)時之後退出、無參賀之輩於御學問所拜天顏之儀、下官・葉室前大納言(賴胤)・議奏衆等召常御殿傍望龍顏、未斜予退出、

仙臺左兵衛督吉村(伊達)朝臣女嫁備前少將繼政(池田)朝臣生一子、彈正大弼宗政朝臣是也、去七日死去之由自去冬病惱、告來、去年秋吉村朝臣室(久我通誠)得自性寺殿姬君、・吉村朝臣末子宗村朝臣男等逝去、冬宗村朝臣室(德川吉宗)將軍家息女、逝去、今年又有此不幸、可驚可怪、」(48ウ)

十六日、庚戌、晴陰、晩來疎雨、

早旦拜伊世(勢)・內侍所・石清水・同末社・吉田・祇園、次詣榊・洛北八幡・御靈、

廣幡大納言被來對話、

巳斜有燒亡、不知其所、

午時許參內、未時許退出、

十七日、辛亥、晴陰、午半剋許驟雨、南方雷鳴一兩聲、

午時許參內、未時許退出、

十八日、壬子、晴、

午時許參博陸、次參內、未斜」(49オ)退出、

御靈社神輿迎

御靈神輿迎也、御輿令渡今出河給之時、設拜、

久世通夏の病を訪ふ

及晩向久世前大納言(通夏)許、訪所勞、次參町口、次向烏丸前大納言(光榮)許對話、入夜歸、

十九日、癸丑、晴、

所労不參

依所勞不參、

廿日、甲寅、晴、

午時許參內、未時許退出、

廿一日、乙卯、晴陰、東南雷鳴一兩聲、

午時許參內、未時許退出、

廿二日、丙辰、晴、晩頭陰、入夜雨降、

午時許參內、黃昏之程退出、」

(49ウ)

岩倉宰相(恒具)・六條少將(有榮)等入來、移剋被歸、

廿三日、丁巳、陰、

午剋許參町口、次參內、申斜退出、

廿四日、戊午、陰、時々疎雨、

北野社參詣

朝間參北野、

午時許參內、未斜退出、
廿五日、己未、晴陰、
午剋許參町口、次參內、未時許退出、
廿六日、庚申、晴陰、
午時許參內、日沒之程退出、參町口、
男俊通石淸水社放生會參向仰付らる
（50オ）
石淸水放生會俊通朝臣參向之事被仰下、」藏人辨資興（日野西）以消息示俊通朝臣、
廿七日、辛酉、雨降、
午時許參內、未時許退出、
晩頭向源中納言（中院通枝）許、次向前源中納言（六條有起）許、廣幡大納言來會、及深更歸、
廿八日、壬戌、陰晴、
未斜參內、
儲君內裏より假殿に還御
申半剋許儲君御退出、六月九日令參給之後、今日御退出也、還御于假殿、此後予參假殿、酉半剋許退出、
廿九日、癸亥、晴陰、
午時許參內、未半時許退出、
（50ウ）
愛宕三位被來、暫對話、此後有榮（六條）被來、応對、

「

八月大

八朔
通兄太刀を天皇儲君に獻上

一日、甲子、晴陰、
獻金伏輪御太刀於內（櫻町）・儲君（遐仁親王）、卽返給了、

參賀

巳剋許參町口（久我惟通邸）、次參儲君御方、次參內、參賀之輩於御學問所奉拜龍顏（櫻町）如恒、

幕府太刀馬を獻上

自關東被獻御太刀・御馬、櫻井靑、使水谷出羽守勝美參上、予・葉室前大納言（賴胤）出逢、此後御
(51オ)
于臺盤所、予就簾下進御太刀、次引廻御馬於」前庭如例、御馬者賜田中出羽守勝芳（禁裏附武家）、
秉燭之後予退出、參准后（二條舍子）御方、

儲君參內

今日申斜儲君令參內給、
二日、乙丑、晴、
午時許參內、申斜退出、向源中納言（中院通枝）亭、暫時對談、次詣兵部卿宮（貞建親王）・同北方（秋子內親王）歸家、
秉燭之後愛宕三位（通貫）被來、移剋被歸、
三日、丙寅、晴、
午時許參內、申斜退出、參儲君御假殿、謁東久世三位（通積）退出、

石清水社遙拜洛北八幡に參詣

四日、丁卯、晴、
早旦拜石清水有供物、・同末社、着衣冠、次」(51ウ)詣洛北八幡、淨衣、俊通(久我)朝臣同之、予此次詣御靈旅所、

中院家法樂和歌詠進

中院家法樂和歌令清書送之、題新樹、
巳半時許參町口、次參內、

新任の禁裏附武家山木正信上京

禁中祗候武士紀正信山木五郎左衞門、今日上京、即參武士候所、予出逢、任敍筑前守所望之受領、・從五位下之事、予仰之、尙申于關東之上、可任叡慮之旨申之、是例也、
未剋許予退出、
五日、戊辰、晴陰、
午時許參內、未時許退出、

男俊通の石清水放生會進退につき一門の公卿と談じ教訓を加ふ

晩來前源中納言(六條有起)・愛宕三位・東久世三位・六條」(52オ)少將(有榮)等被來、俊通朝臣石清水放生會之進退之事示談、加教訓了、各移剋被歸、
六日、己巳、晴、

所勞不參

依所勞不參、
七日、庚午、晴、

午時許參町口、次參內、未時許退出、向前源中納言許、公英僧正《恵日院》・元雅僧正《無量壽院》、等兼被坐、暫雜談之後歸、
八日、辛未、晴、晩來陰雨、
午剋許參內、未時許退出、
九日、壬申、陰雲至朝散、屬晴、
午時許參內、未時許退出、
晩來源宰相（岩倉恒具）・六條少將被來、秉燭之後少將被歸、亥時許相公被歸了、
(52ウ)
十日、癸酉、晴、
午時許參博陸（一條兼香）、次參內、未時許退出、
晩來源中納言被來、俊通朝臣放生會進退之事示談了、入夜被歸、
十一日、甲戌、晴、
午時許參內、未時許退出、
晩頭愛宕三位被來、移剋被歸、
十二日、乙亥、晴、
巳半剋許參町口、次參儲君御假殿、謁東久世三位、次參內、未時許退出、

（53オ）

午斜大臣殿（久我惟通）令渡給、日沒之程令還給、

宮中御神事入

十三日、丙子、晴、晩來陰、入夜雷聲遠聞、

午時許參內、黃昏之程退出、

自今夜公家御神事、依石清水放生會、

久我家神齋

予自今夜構神齋、俊通朝臣同之、立簡於門、依俊通朝臣參向石清水也、

俊通石清水に向ふ

十四日、丁丑、陰、曉更驟雨、

寅時許俊通朝臣發向于石清水、依放生會左近府役也、未及巳剋着彼地云々、宿房單傳庵云々、

諸社遙拜

朝間予拜伊勢・內侍所・吉田・祇園、」

（53ウ）

未時許參內、放生會神齋之間、雖不及出頭、今日依別之公用所參也、日沒之程退出、向博陸許、

十五日、戊寅、晴、

石清水社久我庄八幡を遙拜

天明之程着衣冠下庭上奉拜石清水、次拜同末社、次拜久我庄八幡、此庄當家悉皆領知之時所建云々、今非當家所領之境地、

洛北八幡參詣

次着淨衣詣洛北八幡、

放生會參勤の官人

放生會、奉行職事資興（日野西）、宣命奏上卿万里小路大納言（稙房）、參向上卿新大納言、宗長（松木）、參議左兵衞督、家胤（持明院）、辨益房（清閑寺）、外記中原千俊（山口）、史小槻爲秋（安田）、官掌代、紀氏信（岩崎）、召使宗岡秋行（青木）、左近府

俊通左近衞中將として參向

（54オ）

中將俊通朝臣、右近府少將実胤朝臣（四辻）、左衞門府大尉光興（松波）、右衞門府少尉資邑（松波）、」左兵衞府

通兄神輿還幸の頃庭上にて遙拝

少尉(岡)太秦昌芳、右兵衛府大尉(薗)太秦廣質、左馬寮大允(大嶋)友寛、右馬寮大允(大嶋)政武、內藏寮大江(徳岡)盛林等也、內藏助(朝山)敬長持參宣命云々、

黄昏之程着淨衣下庭上奉拝石淸水、計還幸之程也、

俊通の裝束

中將今日之裝束、冠卷纓・緌、闕腋袍、蘇芳下襲、濃色單、文小葵、浮線綾表袴、文窩霰、裏濃、濃色大口、瑪瑙帶、紫檀地螺鈿劍、鸚鵡、紫淡(緂)平緒、弓、平胡籙、蒔繪摺貝、孔雀、非卿將須帶木地、然而任所持用蒔繪也、具隨身四人・番頭四人・笠持・沓持等、右衛門(春日)□尉仲章束帶、・衛府長右將曹源(土山)岑員白襖上下、帶劍、從後、

俊通の進退と放生會の次第

天明之後、上卿以下參着極樂寺礼堂座、上卿已下至召使昇着之後、中將懸裾、帶弓箭、昇自西妻假階、於階下脫沓、不揖、落板」(54ウ)敷東行、自座後着、不揖、次実胤朝臣昇着了、上卿問諸司具否・宮寺具否、次令召使見神輿下御、召使參申神輿下御之由之後、実胤朝臣起座、次中將起座、不揖、經本路降假階、着沓、不揖、与実胤朝臣出南門、於門外西方着靴向坂口、立絹屋殿前、左西、右東、神幸之時副御輿左右前行、於南門下左右立替、此時中將垂裾、進立御殿階下、中將經舞臺上、奉寄神輿於御殿、令過前給之時、近將深謦折、此後須臾中將退神殿後、其後密々歸宿坊休息、還幸之前、又參進自神殿後方、立階下、近例如此、至還幸之期、一之御輿寄御殿、奉遷御體、昇下舞臺之時、近將移立舞臺南、經舞臺下柱內移立、次二・三之御輿奉遷」(55オ)御體畢、居舞臺、發樂之程出南門外、立路東西、懸裾、神輿令過給之

時、深警折、上卿以下居胡床、神輿過御之時、立警折、近例如此、中將之進退、与源中納言・前源中納言・愛宕三位・東久世三位示合加教訓了、源中納言・前源中納言息少將(六條有榮)・愛宕三位向于彼地毎事扶持、寔可謂懇情、中將幼年之間、依事用略儀也、

中院通枝六條有榮愛宕通貫毎事扶持す

俊通幼年により略儀の事あり

入夜源宰相(岩倉恒具)・東久世三位被來、聊盃酌言談、移剋被歸、

寅時許中將歸着、今日天顏晴朗、神幸還幸、無異無事、一身之所役無違失勤仕云〻、悦喜不少者、」近將勤仕府役、勿論之事也、然而於今度中將參向于石淸水者、有不庶幾事歟、予非無所存者、

俊通歸宅

(55ウ)

十六日、己卯、晴陰、

依所勞不參、

所勞不參

入夜葉室前大納言被來、暫對話、

月次御會短册到來、題待郭公・曉雲、奉行新中納言(庭田重熙)、答承之由也、

月次御會和歌題到來

十七日、庚辰、晴、

葉室前大納言被來、暫對話、

未斜參內、秉燭之後退出、

十八日、辛巳、晴、

上下御靈社を遙拝

朝間拝御靈・下御靈、

巳時許參町口、

御靈社神輿を拝す

御靈祭礼如例、御輿令渡今出川給之時設拝、

黄昏之程前源中納言被來、盃酌數巡、及三更被」歸、

(56オ)

十九日、壬午、晴、

巳斜大臣殿令渡給、申時許令還給、又暫令渡給、亥時許令還給、

午時許參內、未時許退出、

興聖寺住職東契來邸につき面會す

興聖寺東契曹洞宗、初來、望面會、仍令對顔、

廿日、癸未、陰、入夜雨降、

午時許參內、未半時許退出、向新中納言・八條前宰相(隆英)等許、

廿一日、甲申、雨降、

午時許參內、

僧侶參內拝謁

智積院僧正任官之御禮、・清淨華院入院之御礼、等參上、於清涼殿奉拝天顔(櫻町)、」

(56ウ)

未時許退出、參町口、

廿二日、乙酉、雨降、

巳斜參內、

僧侶參內拜謁

知恩院大僧正參上、任官之御礼、於清涼殿拜天顏、
未時許予退出、
廿三日、丙戌、雨降、
午時許參內、未半時許退出、
廿四日、丁亥、暴風、天陰、午後止、

北野社參詣

朝間詣北野、

月次御會和歌未進

月次御會和歌未進之事、示新中納言許了、
午時許參町口、次參內、未時許退出、
源宰相・六條少將等被來、入夜被歸、

鷹司輔平敍從三位越階

(57オ)

(鷹司)輔平朝臣敍從三位、越階、中將如旧、
廿五日、戊子、晴、
午時許參內、未斜退出、向源中納言許對話、次參兵部卿宮對面、
廿六日、己丑、晴、
午時許參內、未時許退出、

廿七日、庚寅、天陰、
午時許參內、未時許退出、
黄昏之程、中院中納言(通枝)・愛宕三位・六條少將被來、盃酌數巡之後被歸、
廿八日、辛卯、晴、
午時許參內、

久我惟通領地の水仙花を獻ず

大臣殿被獻水仙花河州領地之產、初所開也、於內、予持參附女房進之、
申半時許退出、參町口、
(57ウ)廿九日、壬辰、晴、
午時許參內、晡時退出、
卅日、癸巳、晴、
午時許參內、晡時退出、

宮中御神事入

自今夜公家御神事、依例幣發遣、

九月小

一日、甲午、晴、

月朔參賀

午時許參內、

於御學問所參賀之輩奉拜天顏如恒、(櫻町)

申時許退出、參町口、(久我惟通邸)

二日、乙未、晴、

午時許參內、未斜退出、

三日、丙申、晴、

午時許參內、未斜退出、

重陽御會和歌題到來

(58オ)

從右兵衞督(上冷泉爲村)觸折紙曰、

菊花久芳

右、重陽御會和歌題、可令詠進給之旨、被仰下候也、

九月二日　爲村(上冷泉)

三条(實顯)大納言殿
源(久我通兄)大納言殿 奉
以下略、
則返遣使了、
(58ウ)
晩頭東久世(通積)三位被來盃酌、移剋被歸、
四日、丁酉、陰雨、

所労不參

依所労不參內、
源宰相(岩倉恒具)・六條少將(有榮)被來、入夜被歸、
五日、戊戌、陰晴、
午時許參內、晡時退出、
秉燭之程愛宕(通貫)三位被來、移剋被歸、
六日、己亥、陰雨、

通兄神事を構ふ
明後日石清水社參詣による

午時許參內、未斜退出、參町口、
自今夜構神事、依明後日可參于石清水也、
七日、庚子、陰雨、巳後止、

神宮等遙拜
朝間拜伊世〔勢〕・內侍所・吉田・祇園、
午時許參內、未斜退出、

石清水社參詣
寶前に參拜
末社巡拜
歸途稻荷社參拜
(59オ)
八日、辛丑、曉天陰、至曙雲散屬晴、
今日參詣于石清水、丑半剋發輿、至横大路乘船、于時天曙、着狐川岸、辰時許至神主紀光德宅、暫休息之後登山、參宝前奉拜、次參拜于武內若宮・若宮殿・水若宮・石清水權現・高良等了、又詣光德宅、羞酒饌、午時許發彼宅歸、歸路不乘船、申時許至稻荷、詣權祝秦親芳宅休息之後、參社頭奉拜、又詣親芳許、儲饗、祠官等四・五輩來會、戌半時許發輿、亥時聊過歸着、

重陽御會和歌を詠進
重陽參賀
(59ウ)
九日、壬寅、晴、晩來陰、
御會和歌附右兵衞督令獻了、
巳斜參關白(一條兼香)・准后(二條舍子)、次參內、
參賀之人〻於御學問所奉拜龍顏如恒、
申時許退出、參儲君(遐仁親王)御假殿、次參町口、

宮中御潔齋入
自今夜公家御潔齋、
十日、癸卯、陰雨、

例幣發遣

南殿に於て御拜

伏見宮邸失火下部小屋燒亡

通兄武家傳奏を辭せんとする近年病身による

午時許參內、未時許退出、

十一日、甲辰、晴、

例幣發遣也、上卿新大納言、(松木)宗長、辨(萬里小路)説道、奉行職事(日野西)資興、使賀通王、川越、神祇大副大中」臣(藤波)和忠卿・齋部親興眞繼、等參向、

(60オ)

辰時許予參內、

宣命奏聞了、上卿向神祇官代之後、御于南殿關白被候御裾、(山本)実觀朝臣取御劍、有御拜、如例、

午斜予退出、

未斜兵部卿宮(貞建親王)第有失火之由騷動、卽倒衣馳參內、早速撲滅云々、此後退出、後聞、下部住居之小屋一宇燒亡云々、

十二日、乙巳、晴、

予武家傳奏之事辭申、其意趣注折紙、通兄近年病身、就中疝積・頭暈等之症度々相發、其時者氣分も令閉塞之間、爲愚昧之質之上、依右之症、忘却違失候而、公武之御用齟齬も可有之哉、無覺束、其恐不少候、依之退役之事願存候、以御慈憐、於任願蒙御免者、深可畏入存候、此趣宜預」御沙汰候、以上、付(賴胤)葉室前大納言願申之、今朝予隨身于彼卿許付之、歸路之次、向前源中納言(六條有起)・愛宕三位等許、各暫對話、又向山木筑前守(正信、禁裏附武家)宅、

(60ウ)

午時許參內、未時許退出、

日沒之程、向八條前宰相(隆英)許、對話移剋、亥時許歸、

十三日、丙午、晴、

午時許參關白、次參內、晡時退出、參町口、

別業に於て觀月

秉燭之程、向烏丸別業賞月、伴中將(久我俊通)・鎚丸・女子等、月光清明、苑中草露如敷玉、乘輿酌酒、(春日)仲章」儲之、及三更歸、

(61オ)

十四日、丁未、晴、

午時許參內、未時許退出、

十五日、戊申、陰、

石清水社遙拜
諸社參詣

朝間拜石清水・同末社、又詣榊・洛北八幡・御靈、

午時許參內、未時許退出、

愛宕三位被來、移剋被歸、

十六日、己酉、陰雨、未後晴、

午時許參內、晡時退出、

十七日、庚戌、晴、

所勞不參

依所勞不參內、

十八日、辛亥、晴、

天皇より武家傳奏辭退を慰諭せらる

（61ウ）

午時許參町口、次參內、
下官・葉室前大納言・帥中納言（廣橋兼胤）召御前、常御殿傍、關白・左相府（一條道香）被候、下官依病身雖辭申武家傳奏之事、相扶所勞可勤仕之旨被仰下、關白被仰帥中納言、〻〻被傳下官、申奉之由、此後各退去、如是被仰下上者、不申左右、相扶可勤仕、尚宜預沙汰之由、示葉室前大納言・帥中納言等了、又同趣申關白・左府、
申斜退出、參町口、
十九日、壬子、晴、
午時許向葉室前大納言許、予退役願之事預申沙汰、仍謝之、次參內、未時許退出、源宰相・東久世三位・六條少將等被來、移剋被歸、
廿日、癸丑、朝間陰疎雨、終日陰晴屢變、

廣幡長忠の病を訪ふ

（62オ）

午時許參內、未斜退出、
晚頭向廣幡大納言（長忠）許、訪所勞、暫面話之後歸、
廿一日、甲寅、晴、
午時許參內、申斜退出、
廿二日、乙卯、陰、

北野社參詣

朝間參北野、
午時許參町口、次參內、晡時退出、

東坊城輝長元服

長誠(東坊城)卿男正六位上菅原輝長十一歲、今日元服、任文章得業生、聽昇殿、
廿三日、丙辰、陰、
午時許參內、未斜退出、
廿四日、丁巳、晴、
午時許參內、

僧侶參內拜謁

(62ウ)

北野興聖寺月中住持職之御礼、・妙顯寺日貞紫衣之御礼、」參上、於淸涼殿拜天顏、
日沒之程退出、
廿五日、戊午、晴、
愛宕三位被來、移剋被歸、
午時許葉室前大納言被來、小時對談之後被歸、此後余參內、晡時退出、參儲君御假殿、
謁宰相中將(姉小路公文)退出、
廿六日、己未、晴

所司代邸に赴く
昨日上京による

巳斜葉室前大納言被來、同伴向牧野備後守(貞通)許、依昨日上京、窺關東之安否也、

貞建親王王子喜久宮を御養子として一乘院宮附弟となすべき旨仰出さる

高倉永房男永武を持明院家胤の子となす事勅許

來年儲君御元服の事を仰下さる

諸臣に告示す

午斜參內、及初更退出、」

(63オ)

廿七日、庚申、天陰、

巳時許參兵部卿宮、次參一品宮(直仁親王)、次參內、及晚与葉室前大納言向兵部卿宮、以此宮末子(喜久宮)爲上(櫻町)御養子、可爲一乘院宮(尊賞親王)附弟之事、內々被仰下也、即被申領狀、兩人還參內、申此旨了、

高倉前大納言(永房)次男永武爲左兵衞督(持明院家胤)子之事、任願被仰下、

申半時許退出、參町口、

廿八日、辛酉、陰雨、

午時許參內、

(63ウ)

御于御學問所、儲君令候御傍給、下官・葉室前大納言」・議奏衆等召御前、關白・左相府被候、來年可有儲君御元服之儀、此旨可存知之由、被仰下畢、退去於便所、先告宰相中將・大藏卿(芝山重豐)等、東久世三位(博高)依父正忌日不參、此後下官・葉室前大納言・議奏衆・宰相中將・大藏卿等召御前、各賀申退去、次告申前左府(西園寺致季)、次於八景繪間告醍醐大納言(兼潔)近臣、・大炊御門大納言(經秀)內々、・冷泉中納言(下冷泉宗家)外樣、・久世前大納言(通夏)小番御免、・大江俊包(北小路)等、各可被示傳一列、且於小番未勤者、自親族可傳之由也、以上、議奏衆被告之、下官・葉室前大納言列其席、關白・左府・右府(近衞內前)・內府(二條宗基)・九条大納言(尚實)等最初被仰下歟、亦一品宮同事歟、

儲君御假殿に還御

申斜儲君御退出、還御于御假殿、」(64オ)下官・葉室前大納言・議奏衆等賜酒、數巡之後退出、參儲君御假殿、賜酒畢退出、于時亥時許、

廿九日、壬戌、晴陰屢變、時々疎雨、

午時許參准后御方、賀申儲君御元服之儀可有之事、次參內、申斜退出、

十月

一日、癸亥、晴、

所司代參內

巳時許參內、

將軍前將軍等よりの獻物あり

午時許牧野備後守貞通朝臣參上、依上京也、附貞通朝臣、自將軍家(徳川家重)御重硯一具、二十、・純子〔緞〕二十巻等、自前將軍(徳川吉宗)伽羅一木・綸子二十端等、自大納言(徳川家治)御絹二十疋等被獻之、」(64ウ)貞通朝臣付下官・葉室前大納言(頼胤)申此趣、兩人以議奏衆申入之、此後御于小御所、貞通朝臣於下段拜天顏(櫻町)、下官申次、是使之儀也、次貞通朝臣更於庇拜天顏、不及申次、是私之儀也、次賜天盃畢、入御、此

天顏を拜す

武家傳奏より御讓位御受禪の叡慮を所司代に傳ふ

次於同所帝鑑畫間、關白(一條兼香)被出座、下官・葉室前大納言等仰御讓位・御受禪之儀叡慮之趣於貞通朝臣、次

所司代儲君御殿准后御殿に參上各獻物あり

今春御讓位御受禪の事を幕府に仰せらる幕府御延引あるべしと奉答更めて來年立太子の上御讓位の事を仰せらる

月朔參賀

御玄猪を申請ふ

於候所賜菓子・酒畢、貞通朝臣參儲君（遐仁親王）御假殿、下官・葉室前大納言先參入、自將軍家御小屏風一双、自前將軍繪鑑一帖、自大納言純〔緞〕子十卷被獻之、貞通朝臣附下官・葉室前大

（65オ）

納言等申此趣、卽以宰相中將（姉小路公文）・大藏卿（芝山重豐）・東久世」三位（通積）申入之、此後賜菓子・酒畢、貞通朝臣參准后（二條舍子）御方、下官・葉室前大納言先參入、自將軍家繻珍十卷、自前大樹繻子十卷、自大納言縮緬十端進上之、貞通朝臣以女房申入之、次賜菓子・酒畢、貞通朝臣退出、下官・葉室前大納言同退散、

御讓位・御受禪之事、當春被仰于關東之處、暫可有御延引之旨被申、御在位未多年、主上御若年、儲君御幼稚之間、暫可有御延引之旨被申也、暫者、經年數之意歟、仍御延引畢、然處聖體平日雖安全御坐、近年被勞叡慮時者、御心氣令壅塞給之間、爲常被安宸襟加御保養、來年立太子、相續御」讓位・御受禪之儀有之、其上

（65ウ）

可被行御卽位礼之趣、今日被仰于關東也、此事、秋以來內々有御沙汰、

今日參賀之人々及晩於御學問所奉拜天顏如例云々、

申請御嚴重〔玄猪〕如例、

二日、甲子、晴、

午時許參町口（久我惟通邸）、次參內、及昏黑退出、參兵部卿宮（貞建親王）、

三日、乙丑、朝間陰、晩來晴、

所司代邸に赴く

辰半時許葉室前大納言被來、相伴向牧野備後守許、須臾歸家、

未時許參內、晡時退出、參博陸、

秉燭之程、向前源中納言(六條有起)許、八條前宰相(隆英)・東久世三位等被來會、丑時許歸家、」

(66オ)

四日、丙寅、晴、

午時許參內、日沒之程退出、

五日、丁卯、晴陰、

後院の修理を検察す

午時許參後院、葉室前大納言同被參、今度被加修補之間、爲檢察所參也、申時許退出、

向葉室前大納言許、入夜歸、

六日、戊辰、晴、

午時許參町口、次參內、晡時退出、

七日、己巳、晴陰、

所勞不參

尊賞親王牛車宣下

竹內惟永嫡孫惟久來月下旬元服の報知あり

當家と竹內家とは親昵の子細あるによる

依所勞不參、

二品尊賞親王一乘院、牛車宣下、消息、奉行職事光胤(烏丸)朝臣、

(66ウ)

縫殿頭相永(入江)入來、示云、源二位(竹內惟永)嫡孫惟久、來月下」旬可加元服、源二位構參可申之処、依病身不能其儀之由者、予依所勞不相逢、以辰祥(森)答祝着之由了、源二位之家与當家依有親

入江相永は惟永の實子

儲君御參內

烏丸光胤任參議七條信全敍從三位北小路俊包敍爵

近衞內前辭左大將

(67オ)

回峯千日行者大僧都正偏參內拜謁御加持を奉仕す

千日回峯行滿願により綸旨を賜はる御禮參內

綸旨を賜はる例あるも御禮參內拜謁の先例分明ならず

(67ウ)

昵之子細如此、相永者彼卿之実子也、仍以此人被示歟、

八日、庚午、晴、

午時許參內、日沒之程退出、

九日、辛未、晴、

午時許參內、日沒之程退出、

儲君令參內給、

光胤朝臣任參議、右大弁・造興福寺長官如旧、（園）基望卿兼但馬權守、（四條）隆敍朝臣兼播磨權介、（七條）信全朝臣敍從三位、（正親町）実連朝臣敍正四位下、藏人大學助正六位上大江（北小路）俊包敍從五位下、任宮內權少輔、（近衞內前）右大臣辭大將、

十日、壬申、晴、

巳斜參博陸、次參內、

大僧都正偏山門無動寺谷松林房、回峯千日行者、參上、着淨衣、於淸涼殿拜天顏、奉仕御加持、於廂一拜後、昇中殿奉仕御加持畢、又於廂一拜退、

山門行者一等（統）附座主（公遵親王）宮願申、依正偏千日行滿賜綸旨、爲其御礼參內、拜天顏事、座主宮執奏之、且御加持之事被執申之處、去七日任願被仰下、仍今日所參上也、回峯行者千日滿行之後、賜綸旨例雖有之、爲其御礼參內拜天顏、先蹤不分明、先例、賜綸旨之後、爲御礼只參長橋局而已、

儲君御假殿に還御
尊賞親王昨夜薨去
今日より三箇日廢朝

通兄千日行者正偏を招き女子を加持せしむ
竹內惟久元服の加冠を依頼さる

所勞不參

且正院家之外、未僧正之官僧拜天顔儀邂逅也、石淸水社務・本國寺者別儀也、
次參准后御方、勤御加持云々、
晡時予退出、
秉燭之程、儲君御退出、還御于御假殿、
酉半時許參內、一乘院宮(尊賞親王)昨夜薨之由、附議奏言上之、自今日至明後日三ヶ日廢朝之由被
仰下、此後退出、
十一日、癸酉、陰晴、
午時許參內、申斜退出、
十二日、甲戌、晴、
大臣殿(久我惟通)令渡給、晩來令還」(68オ)給、
午時許參內、未半時許退出、參博陸、
招千日行者正偏僧都令加持女子、
晩陰前源中納言被來、小時對話、來月下旬源二位孫惟久元服、予加冠之事所望之旨、以大膳大夫代長朝臣(堤)示彼卿、仍彼卿入來告之云々、予諾、
十三日、乙亥、陰、
依所勞不參、

御玄猪を申請ふ
坊城俊逸補藏人頭
北小路俊章補藏人

申請御嚴重〔玄猪〕如例、
俊逸（坊城）敍從四位下、補藏人頭、大江（北小路）俊章四十一才、敍正六位上、任大學助、補藏人、
十四日、丙子、陰、雨時々沃、
午時許參內、日沒之程退出、次參儲君御假殿、次參町口、

諸社遙拜

（68ウ）
十五日、丁丑、晴、
朝間拜伊世〔勢〕・內侍所・石清水・同末社・吉田・祇園・洛北八幡・御靈、
午時許參博陸、次參內、申斜退出、又參博陸、
十六日、戊寅、晴、
從右兵衛督（上冷泉爲村）以觸折紙示曰、

聖廟御法樂和歌詠進仰付らる

聖廟御法樂和歌可令詠進給由、被仰下候也、
　追申、御短尺・御題候也、
　十月十五日　爲村（上冷泉）
（69オ）
烏丸（光榮）前大納言殿
源大納言（久我通兄）殿加奉字、
　以下略、

御題

御短册一裹〈題松殘雪、付札云、來廿五日、〉賜預了、

午時許參內、申斜退出、向愛宕三位(通貫)許、入夜歸家、

頭辨俊逸拜賀從事

今日頭弁俊逸朝臣拜賀從事云々、

十七日、己卯、晴、

月次御會和歌題到來

月次御會短册到來、〈題首夏・顯戀、〉奉行右大辨宰相(烏丸光胤)、答承之由、

午時許參內、申半剋許退出、

(69ウ)

十八日、庚辰、晴、

所司代邸に赴き來年立太子以下の行事叡慮に任せらるべき幕府の意嚮を傳へらる

辰斜葉室前大納言被來、同伴向牧野備後守許、來年立太子、相續御讓位・御受禪、其上御卽位之礼可被行之事、可被任叡慮之旨、從關東被申也、歸家之後參內、葉室前大納言同被參、兩人參御前、自關東被申趣言上之、

昏黑之程退出、參町口、

十九日、辛巳、雨降、

所労不參

依所労不參、

藏人北小路俊章拜賀從事

大江俊章聽禁色・昇殿等、今日拜賀從事也、

廿日、壬午、晴、風烈々、

儲君御參內
來年立太子御讓位御受禪御卽位の諸儀を行はるべき旨を諸臣に仰下さる

午時許參內、晡時退出、」
(70オ)向久世前大納言(通夏)許對話、次參町口、
廿一日、癸未、晴、
巳斜參內、
午時許儲君令參給、
來年立太子・御讓位・御受禪・御卽位等之儀可有之旨、今日被仰下于諸臣也、御于御學問所、先召關白(一條道香)・左大臣・右大臣(二條宗基)・內大臣依所勞不參、九條大納言(尙實)・三位中將(鷹司輔平)被仰下、次召下官・葉室前大納言・議奏衆被仰下、且可傳示親王以下之由被仰、于時關白・左府被候御前、各退去於便所、傳申上野宮(邦忠親王)、他親王依服暇之間、或所勞不參也、仍可被傳達之由申之、次申前右大臣(醍醐冬熙)・大臣殿・前內大臣(花山院常雅)、前左大臣(西園寺致季)依所勞不參、自前右大臣可被傳、此後親王・大
(70ウ)臣召御前云々、」又於八景畫間傳示儲君三卿、宰相中將・大藏卿・東久世三位等也、可被傳祇候之人々、次示近習番之第一、醍醐大納言(兼潔)・中山大納言(榮親)・新中納言(庭田重熙)・右大弁宰相・伯三位(雅富王)等也、第一之人不參者、第二人參入、次小番御免第一、烏丸前大納言、次內々番々第一、大炊御門大納言(經秀)・三条大納言(實顯)・醍醐大納言・中山大納言・右衞門督(鷲尾隆熙)、第一之人不參者、第二之人、次外樣每番第一、冷泉中納言(下冷泉宗家)・前菅中納言(五條爲範)・前源中納言・右兵衞督(實廉)・花園前宰相、第一之人不參者、第二之人、次水無瀨家、父子(經業・師成)共依所勞不參、仍示兼久朝臣(町尻)、次小番未勤人之第一、公麗朝臣(滋野井)也、親父現存之人者、自親父可傳也、次頭中將実連朝臣・頭辨俊逸朝臣等、可被傳于五位・六位藏人、次示可被告知非藏人等之由於中山大納言、此外召法中親王

坊官於便所示傳之、且召左大史（小槻盈春）・大外記（押小路師充）・出納（平田職再）等於便所令告知也、亦下官・葉室前大納言於里第示告輩有之、

御學問所に於て酒を近臣に賜ふ

晩頭更御于御學問所、儲君令候給、賜酒於近臣、入夜各退散、

今日不及參賀于儲君御方、依令候內給也、

(71オ)

廿二日、甲申、晴、

進鮮肴於內・儲君御方・准后御方、

午時許參准后御方、賀昨日之儀也、次參內、秉燭之後退出、

廣幡長忠の病を訪ふ

入夜向廣幡大納言（長忠）許、自初秋之比所惱心腎虛、之處、自兩三日以前有增氣、仍所訪也、醍醐大納言・頭中將被來會、暫言談之後歸、

廿三日、乙酉、晴、

所司代參賀

午時許參內、

(71ウ)

牧野備後守貞通朝臣參武士候所、賀申立坊・御讓位・御受禪・御卽位等御治定之事、予・葉室前大納言出逢、賜酒畢退出、次參儲君御假殿・准后御方云々、

申時許退出、向關白許、

昏黑之程參町口、

廿四日、丙戌、晴、

所勞不參

依所勞不參、

聖廟御法樂和歌を詠進す
月次御會和歌未進

聖廟御法樂和歌附右兵衞督令獻之、月次御會和歌未進之事、示右大弁宰相許了、

日沒之程葉室前大納言被來、對話移尅、

(72オ)

廿五日、丁亥、晴陰、時々霙、入夜薄雪、

所勞不參

依所勞不參、

堀河冬輔卒去

（堀河）冬輔朝臣辞中務大輔、卽日卒去、疝積云々、

御玄猪を申出す

申出御玄猪如恒、

廿六日、戊子、晴、

所勞不參

依所勞不參、

幕府進獻の茶壺を開かる
所司代を召し酒饌を賜ふ

今日被開自關東進獻之御茶壺、仍召牧野備後守貞通朝臣賜酒饌、

來年立后の事を幕府に仰せらる

來年立后之儀可有之事、被尋下于關東之趣、今日被仰貞通朝臣云々、

入夜東久世三位被來對話、

廿七日、己丑、晴、

所勞不參

依所勞不參、

持明院永武元服

家胤(持明院)卿男永武元服、任侍從、敍從五位上、聽昇殿、(72ウ)

葉室前大納言被來、

貞建親王王子喜久宮を天皇御養子となし一乘院相續仰付らる

兵部卿宮末子喜久宮、四歳、爲上(櫻町)御養子、一乘院門室相續之事被仰下、依故尊賞親王被願申趣有之也、召一乘院同學之住侶、葉室前大納言相共仰此趣了、先是彼卿參兵部卿宮許被申此旨云々、

堀川邊火災

入夜西南方有火、堀川邊云々、早速滅、

廿八日、庚寅、晴、

所勞不參

依所勞不參、

廿九日、辛卯、晴、

所勞不參

依所勞不參、

家司勢多章典從六位上內藏權助敍任勅許

中原(勢多)章典申從六位上・內藏權助、今日勅許、入夜頭辨俊逸朝臣召仲(春日)章仰之、(73オ)

去五月附小折紙於光胤朝臣之處、光胤朝臣先日任參議之間、讓俊逸朝臣歟、

章典卽參俊逸朝臣許、申畏奉之由、

章典の家號を勢多より辻に改む

關白の示唆による

章典称号改辻、元勢多、此事先日博陸・左相府內々有被示余旨、檢非違使舊章号勢多、久我家人也、章典称号又同、共隨順于同家、後世若爭論モ可出來哉、改他号者可然云々、同流爭嫡庶者、强不拘称号事歟、亦雖改号、於家無妨、且難違背博陸命、因所改也、依勢多

辻は外戚の號
章典新たに家を起す
宮中御神事入

家無別号、假用外戚家号称辻也、
今度新起章典家、今日官位任敍、畏悦不少矣、
(73ウ)
自今夜公家御神事、新嘗祭、

十一月大

一日、壬辰、晴、
依所労不參、
所労不參
今朝供忌火御飯、
忌火御飯を供進
二日、癸巳、晴、
依所労不參、
所労不參
三日、甲午、晴、
依所労不參、
所労不參
葉室前大納言(頼胤)被來對話、
(74オ)
四日、乙未、陰晴、

祇園北野両社遙拜

拜祇園有供物、依誕日也、・北野、依先月不參詣、且不拜也、

午時許參内、申斜退出、參儲君(遐仁親王)御假殿、次參町口(久我惟通邸)、

將軍進獻の緞子を賜はる

今日於内、以女房近江、賜純子(緞)一卷、先日自關東進獻之中也、

五日、丙申、晴、

春日祭

春日祭也、上卿冷泉中納言(下冷泉宗家)、辨益房(清閑寺)、奉行職事説道(萬里小路)、

午斜參内、秉燭之後退出、

六日、丁酉、陰晴、風烈ゝ、

所司代邸に赴く

午時許葉室前大納言被來、同伴向牧野備後守(貞通)許、」

(74ウ)申時許參内、戌時許退出、參町口、

七日、戊戌、陰、雪散、

午時許參内、昏黑退出、

八日、己亥、晴、

午時許參内、申斜退出、

九日、庚子、陰晴、

午時許參内、入夜退出、

下御所修理始まる

自今日始下御所修理、

十日、辛丑、陰晴、

午時許參內、申時許退出、參町口、

秉燭之後、愛宕三位(通貫)被來、移剋被歸、

所司代邸に赴く

十一日、壬寅、陰晴、

巳斜葉室前大納言被來、同伴向牧野備後守許、」

(75オ)

一族公卿と節會習禮を行ふ

未時許參內、申斜退出、向博陸(一條兼香)第、

源中納言(中院通枝)・源宰相(岩倉恒具)・東久世三位(通積)・久世少將(榮通)・六條少將(有榮)等入來、有節會習礼、亥時許被歸、

所司代邸に赴く
幕府來年立后の事を承認す

十二日、癸卯、晴、

未時許葉室前大納言被來、同道向牧野備後守許、來年立后之事、可被任叡慮之旨、自關東被申、

申時許參內、立后之事自關東被申趣、葉室前大納言相共言上之、

秉燭之後退出、

十三日、甲辰、晴、

(75ウ)

午時許參內、未半剋許退」出、向八條前宰相(隆英)許、暫對話、

坊城俊逸加階

俊逸(坊城)朝臣敍從四位上、

廣幡長忠の病を訪ふ

十四日、乙巳、陰、晩頭雨降、入夜晴、
午時許參內、申斜退出、向廣幡大納言(長忠)許訪所惱、順快云々、白地對面、

石清水社等遙拜
諸社參詣

十五日、丙午、陰晴、
朝間拜石清水・同末社・祇園・下御靈、次詣榊・洛北八幡・御靈・北野、
午時許參內、黃昏退出、參町口、
十六日、丁未、晴、
午時許參內、秉燭之後退出、此後向八條前宰相許、對話移剋、盃酌」(76オ)數巡、子時許歸、

下御所に中宮御所を造營
今日地曳木造始

十七日、戊申、陰、疎雨時々降、
今度下御所被造中宮御在所、今日地曳木造始云々、
午時許參內、未時許退出、

下御所鎮守社を假殿に遷宮

十八日、己酉、陰、
午時許參內、秉燭之後退出、
今度下御所御鎮守依御修理、今夜有假殿遷宮之儀、侍從三位卜部(吉田)兼雄卿奉仕之、
十九日、庚戌、陰、雪散、

午時許參內、未斜退出、
秉燭之程、源宰相・東久世三位・六條少將等入來、移剋被歸、
(76ウ)
廿日、辛亥、朝間雪委地、巳後晴、
午時許參內、未斜退出、參町口、
廿一日、壬子、晴、
午時許參內、未斜退出、
入夜前源中納言(六條有起)・東久世三位・右馬頭(愛宕通敬)・六条少將等入來、盃酌數巡、召盲目法師令彈琵琶、平家物語、子時許被歸、

一族の宴に盲目法師を召し琵琶を彈ぜしむ

廿二日、癸丑、晴、
午時許參內、未斜退出、向中院中納言(通枝)許、暫對話、
入夜東久世三位被來面談、
自頭弁(坊城俊逸)許以觸折紙告曰、
(77オ)
　　追申剋可令參集給候也、
豐明節會御點候、宿紙拂底之間、先內〻申入候也、
　　十一月廿二日　俊逸

豐明節會參仕仰付らる

三條(實顯)大納言殿
源(久我通兄)大納言殿　加奉字、

以下略、

通兄神事に入る

從今宵神事、依明後日可着別勅小忌也、

(77ウ)
廿三日、甲寅、晴、

神宮以下遙拜

朝間拜伊世(勢)・內侍所・吉田、
巳斜中院中納言入來、小時對話、
午時許參內、申斜退出、
秉燭之後、六條少將入來對話、

緋宮痘瘡により准后里第に御退出

緋宮(智子內親王)自此間令發熱給、一昨日令退出于准后(二條舍子)御里給、痘瘡之由、醫師等各申云々、

廿四日、乙卯、晴、
午時許參內、未斜退出、

新嘗祭小忌公卿次將大忌公卿

新嘗祭、小忌公卿內大臣(二條宗基)・新中納言(庭田重熙)・源宰相、少納言行忠(石井)朝臣、辨益房、次將家季(清水谷)朝臣・兼久(町尻)朝臣・公繩(阿野)朝臣・隆古(高野)朝臣、大忌公卿新大納言(松木宗長)・源中納言、奉行職事俊逸朝臣、宮主代神祇權大副(藤波和忠)、

御惱により神嘉殿代渡御の儀なし
大忌公卿空しく退出
典侍勝子神膳に從事す
豐明節會參仕公卿
左右次將
男俊通次將參仕のため參內
通兄外辨參仕のため參內
出御なし

（78オ）
今夜不可有渡御于神嘉殿代云々、此間令感時氣給、御頭痛有之云々、仍下官不參仕、後聞、大忌公卿雖參、依無渡御之儀、不着幄退出、次將各參之處、供神座等時、爲褰幌、左右各一人可候、自余者可退出之由、奉行職事示之、仍雖有申所存輩、以博陸命奉行職事强示告之間、家季垂纓、是博陸之教訓・兼久巻纓、帶弓箭、等朝臣候云々、無渡御之儀者、次將不可候歟、小忌公卿以下先不着小忌着西舍代座、供神座等之時着小忌、但源宰相・右少辨益房等自最初着小忌着座、是博陸教訓云々、又典侍勝子（園基勝女カ）參向、從神膳事云々、此外如例歟、尚可尋知、」

（78ウ）
廿五日、丙辰、晴、
午時許參內、申時許退出、參町口、
今夜節會參仕之公卿、內大臣・三條大納言・下官・新大納言宗、・淸閑寺中納言（秀定）・新中納（下冷泉宗家）言宗、小忌、・三条中納言（正親町三條公積）・源中納言（中院通枝）通、・源宰相小忌、・左兵衛督（持明院家胤）・左宰相中將（園基望）・左大辨宰相（葉室賴要）・侍從三位（吉田兼雄）、少納言行忠朝臣、小忌、弁益房、同、次將左、家季小忌、・宗城（難波）・俊通（久我）・基名（石山）・公繩小忌、等朝臣、右、宣季（小倉）・公城（德大寺）・兼久小忌、・隆古同、等朝臣、有榮（六條）、奉行職事俊逸朝臣、秉燭

（79オ）
前源中納言入來被整之、
之後俊通着束帶色目如今年白馬節會之時、參內、隨身四人、右衛門尉仲章（春日）・衛府長右府生秦武韶（土山）等相從、此後予着束帶飾劍、紺地平緒、有文帶、」參內、但馬守辰祥（森）朝臣・內藏權助中原章典（辻）・衛府長右將曹源岑員（土山）、
亥時許內大臣以下着陣、予不着、其儀畢、子時許節會儀始、無御出、三條大納言以下着外辨、

通兄標下に立つ間俊通櫻樹下に隠る
通兄早出の後復座

以小忌爲先、（三条大納言令召使下式筥、召外記問諸司、）内弁召舎人之後、行忠朝臣起座參上、此間各起座雁行、行忠朝臣出召、新中納言答揖了、各參列標下、（此間俊通起胡床、立隠櫻樹下、依予立標下、爲家礼也、）内弁宣敷尹、各謝座・謝酒（新中納言取空盞、）了昇殿、予依不堪窮屈、出自宣仁門、（予離列之後、俊通復胡床、源中納言・侍従三位同自宣仁門退出云々、）改着淺履退出、（于時丑半剋、）俊通公卿昇殿了之後退出、後聞、三條大納言國栖之後早」出、

(79ウ)

寅半剋許事終云々、

廿六日、丁巳、晴、

午時許向源二位（竹内惟永）許、（明日嫡孫（惟久）元服、仍賀之也、）次參内、秉燭之後退出、

竹内惟永嫡孫惟久元服加冠通兄
竹内家歴代の元服久我家加冠の近例に據る

廿七日、戊午、雨降、

早旦着直衣單、向源二位惟永卿許、（正親町別業也、）今日嫡孫惟久元服、予加冠之儀所望之間、所行向也、（惟永卿元服、（久我通誠）得自性寺殿加冠給、惟重卿（竹内）元服、大臣殿（久我惟通）加冠給、以此例所望也、）人々來集之後、辰斜儀始、家中狹少不便宜、假四面懸簾設冠礼所、先予着座、次前源中納言・右兵衞督（上冷泉爲村）等着座、次縫殿頭相永（入江）」着圓座、

(80オ)

次置円座二枚、次冠者着円座、（大膳大夫代（堤）長朝臣扶持之、）次置雜具、次予目相永、々々進着円座、理髪之儀畢復座、次予進着圓座、加冠畢復座、次相永更進調雜具退去、次冠者起座、向予二拜退去、（扶持如初、）次撤雜具、（今日役送布衣之青侍也、）次予以下自下﨟起座、此後於便所、予・冠者有一獻之儀、其事了盃酌數巡、

惟久任民部權少輔

冠者任民部權少輔、聽昇殿云々、

予巳半時許參內、申半剋許退出、再向惟永卿許又盃酌、戌半剋許歸家、

天皇頃日御不豫今日平常に復せしめ給ふ

廿八日、己未、陰晴屢變、雪時々飛、

午時許參」(80ウ)准后御方・儲君御假殿、亦詣博陸・右相府(近衞內前)等、次參內、

主上(櫻町)自去廿一日之比御不豫、有痘之疑、今日令復平常給之由、醫師等申之、

申斜予退出、

廿九日、庚申、晴、

午時許參內、未斜退出、參町口、

所勞不參

卅日、辛酉、晴陰、

依所勞不參、

(81オ)

十二月大

月朔參賀

一日、壬戌、晴陰、雪飛(霏)々、

午時許參町口(久我惟通邸)、次參內、參賀之人々於御學問所奉拜龍顏(櫻町)如恒、其儀畢、未剋許退出、

伏見宮邸に參る

來年御受禪以後御卽位以前立后の儀擧行の旨を諸臣に仰下さる

二日、癸亥、晴、
巳斜參兵部卿宮(貞建親王)對面、次參同北方(秋子內親王)、次參內、黃昏退出、
三日、甲子、晴、
午時許參內、黃昏退出、
四日、乙丑、晴、
午時許參內、
來年御讓位・御受禪以後、御卽位以前、准后(二條舍子)御方立后之儀可有之旨、今日被仰下于諸臣也、御于御學問所、」(81ウ)召關白(一條兼香)・左大臣(一條道香)・右大臣(近衛內前)・內大臣(二條宗基)・九條大納言(尚實)等被仰下、次召下官・葉室前大納言(賴胤)・別當(柳原光綱)・帥中納言(廣橋兼胤)・八條前宰相(隆英)等被仰下、關白・左府猶被候御前、且可傳仰于親王以下之由被仰、各退去、於小御所帝鑑畫間傳示一品宮(直仁親王)、可被傳同列、次於同所傳示前左大臣(西園寺致季)、可被傳前右兩府(醍醐冬熙・久我惟通)・前內府(花山院常雅)、次於八景畫間示儲君(遐仁親王)三卿(姉小路公文・芝山重豐・東久世通積)、可被傳于祗候之衆、次示近臣・小番御免・內々・外樣等之第一、各可被傳同列、次水無瀨家、以兼久朝臣(町尻)示之、次源澄仲(慈光寺)、可傳同列、各小番未勤之親族傳達之事示之、非藏人者自中山大納言(榮親)可被告知之由示之、
以別當被仰進于儲君御方、」(82オ)
此後於御學問所召關白・左大臣・下官・葉室前大納言・別當・帥中納言・八條前宰相、

一條兼香關白辭職男道香受職を聽許

被仰下于關白・左大臣云、今度關白被辭當職之事、任請可被許、仍左大臣可爲關白之間、宣下之日限可有言上云々、亦關白辭職之後も、不替今、內々之儀者可被取計、殊に子息之在職、旁以可被存知此旨云々、下官傳之、各被畏申畢退去、

下官・葉室前大納言・別當・帥中納言・八條前宰相賜酒數巡之後退出、參儲君御方賀申、亦賜酒、次參准后御方、女房出逢賜酒、各入醉鄕、戌半剋許退出、」

(82ウ)

五日、丙寅、晴陰、

午時許參町口、次參內、未斜退出、

晩頭參兵部卿宮對話、次參緋宮(智子內親王)御方、

西大路隆共元服

故隆廉(西大路)朝臣男隆共今日元服、任侍從、敍從五位上、聽昇殿、

六日、丁卯、陰晴、

午時許參內、未斜退出、詣右相府許、

七日、戊辰、晴陰、

午斜參內、

新御茶壺口切により攝家並びに近臣を召し賜饌

今日新御茶之壺之口を被開、仍召攝家中幷近臣賜酒饌、先於御學問所各御對面、次賜酒饌、」入夜予退出、

(83オ)

八日、己巳、晴、
午時許參內、申斜退出、向葉室前大納言許對話、
九日、庚午、晴、
巳斜參內、

所司代參內來年立后の事を賀す

牧野備後守貞通朝臣參上于武士候所、賀申來年立后之事、予・葉室前大納言出逢賜酒、
次參儲君御假殿・准后御方云々、
日沒之程退出、參町口、
黃昏之程、源宰相(岩倉恒具)・六條(有榮)少將等入來、及三更被歸、
十日、辛未、晴、
(83ウ)
巳斜大臣(久我惟通)殿令渡給、白地令還」給、
午時許參博陸、次參內、申斜退出、參兵部卿宮、
十一日、壬申、陰雨、
午時許參內、未時許退出、
十二日、癸酉、陰、
庭田(重熙)中納言被來、小時對話、

准后二條舍子御別殿滿の御祝に參る

午時許參內、未半時許退出、參准后御方、今日御別殿滿之御祝、仍所參也、葉室前大納言・別當・帥中納言・八条前宰相・大藏卿（芝山重豐）・東久世三位（通積）等同被參、給酒饌、入夜退散、」

關白氏長者を男道香に讓る

今日關白被讓長者於左大臣云々、

（84オ）

十三日、甲戌、陰晴、

午時許參內、

天皇關白を召して在職中の勞を慰せらる

今日召關白賜酒饌、且給種々物、是被慰在職中之勞儀歟、秉燭之後退出、參准后御方、賀申昨日之儀、

東久世三位被來、對話移剋、

十四日、乙亥、陰晴、

巳斜參兵部卿宮對話、次參內、未斜退出、參町口、

十五日、丙子、朝間薄雪、後屬晴、

神宮以下の諸社遙拜

朝間拜伊勢・內侍所・石清水・同末社・吉田・」祇園、

（84ウ）

巳時許大臣殿令渡給、須臾之後、令向關白家給、

一條兼香關白を辭す男道香に關白宣下

今日關白內覽等辭退之事被許、左大臣（一條道香）爲關白宣下也、牛車・兵仗之事同宣下、上卿大炊御門大納言（經秀）、弁資興（日野西）、奉行職事俊逸朝臣（坊城）、

新關白慶賀

新關白卽被申慶賀云々、扈從公卿醍醐大納言（兼潔）・中山大納言・新大納言（松木宗長）・清閑寺中納言（秀定）・源宰相・左宰相中將（園基望）・右大弁宰（烏丸光胤）

相、前駈殿上人兩貫（坊城俊逸・正親町實連）首以下十人云々、

巳斜詣關白許、賀今日之事、次參內、日沒之程退出、

秉燭之後、向左大辨宰相（葉室賴要）許、父前亞相（賴胤）・八條前宰相（隆英）被來會、賀前亞相五十算意味也、予前相公表微志、贈一個物、

及四更退歸、

葉室賴胤五十の算を賀す

（85オ）

今日月次御會短冊到來、題云、五月雨・祝言、奉行中山大納言云々、答承之由了、

月次御會和歌題到來

十六日、丁丑、晴、

午時許參內、日沒之程退出、向關白家、

關白今日始着直衣被參內云々、自長橋車寄方被參入云々、

關白直衣始

十七日、戊寅、晴、

午時許參內、申斜退出、參町口、

十八日、己卯、晴陰、雯降、

下御所新造之中宮御殿今日礎・立柱云々、

中宮御殿礎立柱

午時許參內、申時許退出、

（85ウ）

新宰相典侍（姉小路定子）可爲喜久宮上御養子、実□〔兵〕部卿宮息、一乘院相續、御養母之由、今日被仰下云々、

典侍姉小路定子を喜久宮の御養母と定め給ふ

大臣殿令渡給、入夜令還給、

來廿三日御煤拂御見舞之事、從勾當內侍被觸、書加承之由了、

九條尚實敍從二位

宮中御神事入

十九日、庚辰、陰、雪散、
未時許參町口、次參內、入夜退出、
資枝（日野）任權右少辨、尚実（九條）卿敍從二位、
自今夜御神事、明後日內侍所臨時御神樂、

所勞不參

廿日、辛巳、陰、雪飛、昨今寒威嚴、」
（86オ）
依所勞不參內、

所司代邸に赴く

內侍所臨時御神樂

諸社遙拜

廿一日、壬午、陰晴、
巳斜葉室前大納言被來、同伴向牧野備後守許、予歸路之次、詣一品宮・前內府（花山院常雅）・庭田中納言等許、
今夜內侍所臨時御神樂也、奉行職事実連（正親町）朝臣云々、予依所勞不參、後聞、本拍子左兵衛督（持明院家胤）、末拍子宜季（小倉）朝臣云々、
今朝拜洛北八幡・御靈・北野・下御靈、

岩倉恒具男八重丸に始めて對面す

（86ウ）
廿二日、癸未、陰晴、
午時許參內、申斜退出、參町口、
秉燭之程源宰相具息男号八重丸、被來、始對面于」息男也、此後息男被歸、相公被殘留、東久

一昨年よりの江家次第會讀終功につき竟宴を催す

世三位・六條少將被來會、依相公所望、自去〻年夏會讀江家次第、予依公務繁雜延滯、
今日終其功、仍勸酒、盃酌數巡、及子剋被歸、

廿三日、甲申、陰雨、
午時許參內、

常御殿御煤拂

常御殿御煤拂也、

來年の諸儀式傳奏奉行を仰出さる

來年大礼之傳奏・奉行之事被仰下、

親王御元服傳奏奉行

　親王御元服傳奏葉室前大納言、奉行職事實連朝臣、

立太子傳奏奉行

　立太子傳奏別當、奉行職事實連朝臣、

御讓位御受禪傳奏奉行

　御讓位・御受禪傳奏中山大納言、奉行職事俊逸朝臣、」(87オ)

立后傳奏奉行

　立后傳奏醍醐大納言、奉行職事俊逸朝臣、

今日常御殿御煤拂により小御所に召して仰下さる

出御于小御所、今日依常御殿御煤拂、以御學問所爲常御殿代、仍御于小御所歟、召右之輩於御前被仰下、下官・帥中納言・八條
前宰相等祗候、關白被傳仰、
秉燭之後、予退出、

火事

亥剋許西方有火、其程遠、不知所、
廿四日、乙酉、曉天雪降、至朝晴、

月次御會和歌未進
官位御沙汰
清閑寺益房補藏人
二條宗基九條尚實任左右大將
今出川公言正親町公功三條西盛季敍爵
御讓位は下御所に於て行はるべく仰出さる
通兄儲君親王勅別當に補せらる

月次御會和歌未進之事、示中山大納言了、
六条前中納言(有起)被來對話、
午時許參內、」(87ウ)
今日官位御沙汰也、泰孝(倉橋)朝臣轉中務大輔、宗濟(松木)任侍從、益房(清閑寺)補藏人、右衛門権佐、如元、公文(姉小路)卿兼近江權守、家胤(持明院)卿兼讃岐權守、隆義(油小路)朝臣兼近江權介、家季(清水谷)朝臣兼越前權介、有美(綾小路)朝臣兼肥後權介、宗基(二條)公轉左大將、尚実卿兼右大將、恒具(岩倉)卿兼左權中將、定之(野宮)朝臣轉右權中將、定興(今城)任左權少將、隆望(櫛笥)任右權少將、実岑(押小路)・公尹(山本)等卿敍正二位、俊逸朝臣敍正四位下、敬季(高丘)・永秀(高倉)等朝臣敍從四位上、故誠季(今出川)卿男藤原公言九才、・實連朝臣男藤原公功三才、・故公福(三條西)卿次男藤原盛季十三才、等敍從五位下、右大臣賜隨身・兵仗、隆」(88オ)英(八條)卿聽直衣、親賢(舟橋)朝臣辭右兵衞佐、実文(橋本)朝臣辭上總權介、宜季朝臣辭加賀權介、
來年御讓位之日、行幸于下御所、於下御所被行節會、可被渡劍璽之旨、於御前被仰下下官・葉室前大納言・別當・帥中納言・八条前宰相等、關白被傳仰、次關白於便所被仰御讓位傳奏中山大納言・奉行職事俊逸朝臣、下官以下列其座、
入夜頭中將実連朝臣仰下官曰、被補儲君親王勅別當者、申畏奉之由、先是以別當□〔内〕々被仰下、次附女房申」(88ウ)入畏悦之由了、

及三更退出、

廿五日、丙戌、晴、

巳時許參町口、次參儲君御方、附女房悦申補別當之事、昨夜雖可參、依及深更、今日所參也、次參准后・博陸悦申同事也、次參內、秉燭之後退出、

喜久宮一乘院に入寺

廿六日、丁亥、陰晴、時々雪飛、

今日喜久宮令入一乘院里房給、前駈殿上人家季朝臣(清水谷)・公諸(花園)・長香(清岡)、扈從公卿六條前中納言・姉小路宰相中將(公文)、自內被仰下云々、

午時許葉室前大納言被來、同伴參一乘院里房、」賀申今日之儀也、次參內、

(89オ)

日沒之程退出、

入夜參町口、

太政大臣に內舍人を賜ふ

太政大臣(一條兼香)賜內舍人云々、

岩倉恒具奏慶著陣

廿七日、戊子、晴、

宰相中將恒具卿申羽林兼任之賀、仍巳斜向彼許、次參內、此後宰相中將參內奏慶、於御三間拜天顏、於申口賜天盃云々、着陣、又藏人右少辨益房(清閑寺)申藏人慶、權右少辨資枝申弁官慶、各從事云々、

(89ウ)

予元日可申儲君別當之慶之由、附八條前宰相」申入之、任申被仰下、次參儲君御方、附右

儲君御參內

消息宣下

出羽米澤藩主上杉重定任侍従

大外記に下知す

宰相中將(姉小路公文)申入同旨、可參拜之由被仰、此後還參內、
未時許儲君令參給、明日可有御退出云々、
晡時予退出、
自頭中將(正親町實連)許送御教書曰、
口宣一紙獻上之、早可令下知給之狀如件、
十二月五日　右中將藤原実連奉
進上　源大納言(久我通兄)殿

(90オ)

延享三年十二月五日宣旨
從四位下藤原(上杉)重定朝臣
宜任侍從、
藏人頭右近衛權中將藤原実連奉
答承了由、卽下大外記師充(押小路)曰、
口宣一紙
從四位下藤原重定朝臣

宜任侍從事、

右、職事仰詞内〻奉入之、早可被下知之狀如件、

十二月五日　權大納言（久我通兄）判

大外記局

(90ウ)

廿八日、己丑、晴、

元日小朝拜の催あり

自頭中將示送曰、

元日小朝拜被相催候由、關白殿御消息之所候也、

十二月廿四日　実連

權大納言殿（大炊御門經秀）

三條大納言殿（實顯）

源大納言殿　加奉字、

以下略之、

(91オ)

關白家拜禮の參否を問はる

別紙曰、

家拜礼被立候哉否、可被示聞候也、

十二月廿四日　実連

　權大納言以下同前、予加承字、
又別紙曰、
　小朝拜午剋、
　家拜礼巳剋、
午時許參內、
儲君御假殿に還御
申斜儲君御退出、還御于御假殿、」
(91ウ)
秉燭之後退出、
入夜從頭中將示小朝拜剋限無遲〻可令參集之由、觸折紙、加承字了、
岩倉恒具直衣を著するを聽さる
宰相中將恒具卿聽着直衣云〻、
通兄關白家拜禮に不參の旨を示す
今日於內謁頭中將、示不可立家拜礼之由了、
廿九日、庚寅、晴、
巳斜葉室前大納言被來、賜位記・宣旨於武家使也、暫被歸、
午時許參兵部卿宮・同北方・右相府等、次參儲君御方、賀歲晩也、次參內、申斜退出、參准
后・博陸、賀歲晩也、次向中院中納言(通枝)許、對話之後歸、」
(92オ)
自頭中將許示送曰、

追而申剋無遲〻可令參集給候也、

元日節會御點候、宿紙拂底之間、先內〻申入候也、

十一月廿九日　実連

元日節會外辨參仕仰付らる

權大納言殿

源大納言殿

中山大納言殿

帥中納言殿

新中納言殿（庭田重熙）

甘露寺中納言殿（規長）

新宰相中將殿（岩倉恒具）

右衞門督殿（鷲尾隆熙）

右大辨宰相殿

宮內卿殿（五辻廣仲）

侍從三位殿（吉田兼雄）

（92ウ）

加奉字返遣了、

」

火事

丑時許有燒亡、不知其所、

卅日、辛卯、晴、

(93オ)

午時許參町口、次參內、未斜」退出、向新中納言許、賀明日慶申之事、次向葉室前大納言許、謝先日入來之事、次向前源中納言許、小時對話之後歸、(六條有起)

○以下七行分アキ。」

（原表紙）

三十六

延享四年 自正月至九月

（縦二七・九糎、横二〇・二糎）

延享四年

權大納言源通兄三十九歳

通兄本年三十九歳、正二位、權大納言、武家傳奏、儲君親王勅別當、五月二日補櫻町院執事別當、

（1オ）

正月小

一日、壬辰、晴、

庭上に於て諸神を拜す

曉更於庭上拜諸神、伊勢・石清水・同末社・賀茂・稻荷・春日・吉田・祇園・北野・洛北八幡・御靈・今宮、依有所思、今年加梅宮・下御靈、

內侍所に參詣

丑時許參內、先參內侍所、

四方拜
天皇出御

四方拜、寅時許出御、師言朝臣(山科)奉仕御服、姉小路宰相中將(公文)候御前裝束、女房供御手水、実連朝臣(正親町)候御劍、俊逸朝臣(坊城)取御裾、奉行職事說道(萬里小路)、寅半時許事了、予退出、

家中祝儀如例、

巳斜參町口(久我惟通邸)、俊通(久我)同參、次予參內、」(1ウ)

大床子御膳を供す

供御膳如例、陪膳実連朝臣云々、

參賀

參賀之輩於御學問所奉拜天顏如例、此後予退出、

束帯を著し儲君御方に參る

參內儲君別當の慶を奏す

未斜着束帯飾劍、魚袋、有文帶、紫段平緒(緂)如恒、前源中納言(六條有起)入來被整之、予今日申旧冬被補儲君(遐仁親王)別當慶賀也、然而依列小朝拜參節會、用飾劍・魚袋也、出門、前駈辰祥朝臣(森)・中原章典(辻)、布衣雜色衞府長左將曹秦光武(土山)、四人、先參儲君御方、立中門代外二拜申次家司右少將有美朝臣(綾小路)、了、昇自便所、附女房悅申且賀申年首、有御對面、內々儀也、此後參內、入四足門、經床子座前、左大史盈春(壬生)立座前、予直揖過、進立弓場代拜舞藏人弁資興(日野西)申次、了、昇自高遣戶階參內々方、附女房悅申、先是家拜礼了、關白(一條道香)引諸卿」(2オ)被參云々、

九條尚實所労により俄に退出

又右大將(九條尚實)・新中納言重熙(庭田)、等被申拜賀云々、兩卿無御對面・賜天盃之儀云々、後日可有其儀云々、右大將拜賀之後、所労發出、積氣、不列小朝拜、俄被退出云々、

男俊通參內

予出立之後、俊通着束帯闕腋袍、紫檀地螺鈿劍、紫段平緒(緂)、魚袋、參內、具隨身四人、仲章(春日)・衞府長等相從、

小朝拜の儀

日沈西山之程、小朝拜之儀始、太相府(一條兼香)・關白(一條道香)・右內兩府(近衞內前・二條宗基)、大納言以下、長忠(廣幡)・尚実(九條)・爲村(上冷泉)・晴宣(穗波)・兼武(萩原)・輔平(鷹司)等卿之外、悉參入、頭・五位・六位藏人・節會參仕之少納言・次將等列之、仍

關白以下清涼殿東庭に列立

太政大臣一條兼香拜舞し畢て退出

天承二年正月三日院中拜禮の例

元日節會參仕の公卿

左右次將

關白以下著陣

通兄退出

(2ウ)

俊通列立也、先關白以下右內兩府・大中納言・參議七八人許、被着殿上座、須臾起座、出無名門被着靴、自余之卿相降自便所着靴、次關白以下列立于無名門前、頭中將実連朝臣出向、關白被奏事之由、実連朝臣退入、歸出復命、次關白以下參進于東庭、于」時太相府先被進立庭中、自軒廊邊被參進歟、依及夜陰不見、關白太相ニオメリテ東ニ寄テ被立、以下從之、大納言列畢之程、太相府先拜舞、此間關白・醍醐(兼潔)大納言・中山(榮親)大納言等被居地、大炊御門(經秀)・三条(實顯)兩卿磬折、予從之、万里小路(稙房)・中御門(松木宗長)兩卿又磬折、天承二年正月三日院中拜礼、前太政大臣(藤原忠實)知足院、称行歩不叶、不待列立畢、先拜舞了退出、于時關白(藤原忠通)法性寺、被居地、左大臣(藤原)家忠、・右大臣(源)有仁、不居地、內大臣(藤原)宗忠、以下諸卿居地云〻、是內大臣以下之礼節有故歟、今日之儀、予兼不聞其沙汰、又當座不覺天承二年之先蹤、只從上臈之所爲耳、畢被退出、此間中納言以下次第列立大臣・大納言一列、中納言・參議・散三位一列、四位・五位一列、六位一列、畢、一等(統)拜舞了、自下臈退出、大納言以上殘留、自上臈次第退出、

(3オ)

節會公卿、關白・左大臣陣以後早出、・右大臣續內弁、・內大臣小朝拜以後退出、・權大納言(大炊御門經秀)・下官陣以後早出、・中山大納言飯汁以後早出、・帥中納言(廣橋兼胤)陣以後早出、・庭田中納言(重熙)・甘露寺中納言(規長)國栖以後早出、・源宰相中將(岩倉恒具)御酒勅使、・右」衞門督(鷲尾隆熙)宣命使、・右大辨宰相(烏丸光胤)雜事催、・宮內卿(五辻廣仲)謝酒拜以後早出、・侍從三位(吉田兼雄)同、少納言家長(高辻)朝臣、辨資興、次將左、家季(清水谷)朝臣・宗城(難波)朝臣・俊通朝臣・實岳(武者小路)朝臣・公繩(阿野)朝臣・定興(今城)、右、実観(山本)朝臣・実称(三條西)朝臣・公金(風早)朝臣・実胤(四辻)朝臣・隆敍(四條)朝臣・隆望(櫛笥)、奉行職事実連朝臣、

戌終關白以下着陣、權大納言・下官・帥中納言・庭田中納言・右衞門督・右大辨宰相等着之、關白座敷茵、其儀如例、但內弁令右大弁召職事・外記・官人等、畢次第起座、下官經床子座前、左大史盈春・大外記師充(押小路)等立座前、遣揖過、退出歸家、于時亥半剋、俊通丑時許退出、

儲君御参内年始により行粧を刷はる
通兄儲君御方に参る
御出立
路頭行列
前駆殿上人

内弁堂上以後退出云〻、

二日、癸巳、晴、

今日儲君令參內給也、依年始之儀、聊被刷御行粧也、下官可令供奉之由、旧冬自內(櫻町)被仰

(3ウ)

下、且」扈從公卿・前駈殿上人等、旧冬与八條前宰相(隆英)示合窺之、人體依仰也、殿上人者自議奏被催、公卿者自下官可示傳之旨被仰下、仍源中納言(中院通枝)・宰相中將(姉小路公文)等傳之、巳時許着直衣單、參儲君御方、此後人〻漸參集、至申許剋御出立、下官・源中納言・宰相中將列立于寢殿代南階西方、北上東面、殿上人列立南方、東上北面、召次代以下群立于中門代外、御輿自南階出御、過列前之時、予以下磬折、此間殿上人前行、

路頭行列、

先殿上人下﨟爲先、各衣冠、單、但実観朝臣着直衣、具布衣雜色二人・沓持・笠持等、

右中將実観朝臣

(4オ)

右少將有美朝臣(綾小路)

左少將実岳朝臣(武者小路)

中務少輔國榮(岡崎)

右少將隆望

下家司

御輿

扈従公卿歩儀

禁裏附武家

皇居著御

所司代年始參内

直仁親王參賀

（4ウ）

以上、家司職事也、

次下家司出雲守相堅(松尾)狩衣、

御輿、

車副代八人在左右、

次召次長代一人・召次代四人

次公卿歩儀、

下官諸大夫兩人仲章、中原章典、着狩衣單、在□　□布衣雜色四人・沓持・笠持等相從、

源中納言(中院)通枝、直衣、單、諸大夫□人着狩衣單、在後、布衣雜色四人・沓持□

宰相中將(姉小路)公文、衣冠、單、布衣雜色四人・沓持・笠持相從、

次田中出羽守勝芳布直垂、禁中祗候之武家也、

令出自御假殿南面門、入皇居西面四足門給、奉寄御輿於長橋局車寄方、此後下官以下昇自便所、附女房賀申之、明日可有御退出、不可刷御行粧云〻、

晩頭牧野備後守(貞通)參上、賀申年首、

今日一品宮(直仁親王)參賀云〻、今春御獻悉女房云〻、

秉燭之程、予退出、

親王前大臣攝家參賀
差筵御禮
吉書御覽
儲君御退出
俊通常御殿御祝に參る
所司代京都町奉行に年賀

三日、甲午、陰、時〻小雨、
（5オ）
巳時許參准后（二條舍子）御方・博陸、賀年始、」且向所〻賀年首、次參內、
參賀之人〻於御學問所奉拜天顏如恒、次下官更奉拜天顏、是儲君別當拜賀以後之御對面
也、
式部卿宮（家仁親王）以下參賀、又前右大臣（醍醐冬熙）・大臣殿（久我惟通）・前內大臣（花山院常雅）參賀、右大將（九條尚實）・三位中將（鷹司輔平）參賀、兩卿依不列小
朝拜也、又右大將拜賀以後之御對面相兼云〻、　差筵光香朝臣（北小路）御礼、
吉書御覽、上卿新大納言（松木）宗長、弁說道、奉行職事実連朝臣、
內〻之儀、予不供奉、
申半剋許儲君御退出、此後予退出、參儲君御方附女房賀申昨日御參內、今日御退□□了、
（5ウ）
賜」酒之後退出、
今夜俊通參常御殿御祝、
四日、乙未、陰晴、
巳斜向所〻賀年始、次參內、申時許退出、向所〻、且參町口（久我惟通邸）、
五日、丙申、陰晴、
辰終葉室前大納言（賴胤）被來、同伴向牧野備後守許（良龍、京都町奉行）、次向三井（直之、同上）・永井宅、且詣所〻、
午半時許參內、申時許退出、向所〻、

關白左大臣一條道香一上を近衞內前に與奪す
葉室賴要敍從三位
綾小路有儀敍爵

今日關白与奪一上之事於右大臣云々、卽右大臣被着陣云々、

（６オ）

賴要(葉室)朝臣敍從三位、俊逸(坊城)朝臣敍正四位下、家長朝臣敍從」四位上、定興(今城)敍從四位下、実將(裏辻)・時永(交野)敍正五位下、俊宗(綾小路)卿次男源有儀《ノリ》十才、敍從五位下、

廣幡長忠の病を訪ふ

六日、丁酉、晴、

巳斜向所々、於廣幡(長忠)大納言許□□□冬以來之所惱漸快癒、然而未復平常、仍今春不被出頭、於內々小時對話、次參內、

外様公卿殿上人御禮

是日前左大臣(西園寺致季)・外様公卿・殿上人御礼也、

申斜退出、

七日、戊戌、晴、

午時許參內、

白馬節會參仕の公卿

白馬節會、公卿關白左大臣白馬奏以後被參御裾、・內大臣白馬奏以後早出、・三條(實顯)大納言續內弁、・醍醐(兼潔)大納言・右大將白馬奏以後早出、・淸閑寺(秀定)中納言」・勸修寺(顯道)中納言謝酒拜已後早出、・三條(正親町三條公積)中納言・宰相中將公文、宣命使、・

（６ウ）

左右次將

宰相中將基望(園)御酒勅使、・左大辨宰相(葉室賴要)雜事催・祿所、・侍從三位、少納言時名(西洞院)、辨說道(萬里小路)、次將左、実文(橋本)朝臣劍內侍扶持、・榮敦(大原)朝臣・師言(山科)朝臣・基名(石山)朝臣・榮通(久世)朝臣・公麗(滋野井)朝臣、右、宜季(小倉)朝臣璽內侍扶持、・定之(野宮)朝臣・有美朝臣・公城(德大寺)朝臣臨期不參、・有補(千種)朝臣・隆古(高野)朝臣、奉行職事俊逸(坊城)

一條道香に内辨仰付らる
内辨諸司の具否を問ふ
内辨以下著陣外任奏
天皇南殿に出御
内侍臨檻
開門
外辨公卿參列謝座謝酒
白馬奏
白馬南庭を渡る
天皇還御
内辨退出
續内辨三條實顯
通兄常御殿御祝に參り扇を賜はる

朝臣、右大臣不被下御點云〻、
未半剋許事始、先俊逸朝臣向關白直廬仰內弁、以諸大夫間爲直廬代、撤平常所敷滿之疊、四面懸簾、關傍東簾敷疊一帖、其上加茵、西面、
白仰俊逸朝臣被問諸司具否、俊逸朝臣於殿上口召外記問之、申具之由於內弁、此後內弁
（7オ）
着陣、諸卿同着、奏外任奏如」例、此間於清涼殿西面御座着御〻服永秀（高倉）朝臣奉仕之、園池三位（房季）候御前裝束、畢、御
于南殿、關白被候御裾、內侍取劍璽候前後、左右次將扶持之、此間近將引陣、南殿母屋南面御帳間
□懸簾、又御帳間西柱南北行假構簾臺、懸簾也、宸儀令着御帳中御倚子給、不令着御靴給、近仗不稱警蹕、入御之時又同、
關白降自便所被着宜陽殿兀子、內侍臨檻、內弁謝座此間近將不謂家礼・非家礼退入、立隱便所、但定之・榮通等朝臣・有榮等蹲居、予所思、非家礼者不可退陣歟、仍示從上首所爲不可失礼之旨於榮通・有榮等了、堂上、開門、闈司着、此間日已暮、供掌灯、次內弁召舍人、少納
言時名着版、內弁宣、刀祢召、時名□、次外弁公卿參列、內弁宣、敷尹、諸卿謝座・謝
（7ウ）
酒畢、昇殿、□□次左右□將□」殿、見白馬奏、取之參上、就西簾下奏之畢、□□□內弁
退出、自便所參上御後方、計入御之程被參御裾也、此間白馬渡、次還御、如出御之儀、泰孝（倉橋）朝
臣・氏榮（山井）朝臣・敬季（高丘）朝臣・冬康（樋口）・長香（清岡）・時永（交野）・丹波賴亮（小森）等執脂燭、此後關白退出、三條
大納言勤內弁事、戌半時許事終、
今日出御之事、旧冬關白・右內兩府被申請云〻、
常御殿御祝、天酌如例、予參之賜扇、其儀畢、予更於申口賜天盃、儲君別當拜賀以後之

後七日御修法始行
阿闍梨榮遍僧正

所司代邸に赴く

所司代邸に赴く

烏丸光榮歌道勤仕の間米五十石を下賜

□也、子時許退出、
八日、己亥、陰雨、
午時許參內、晡時退出、
自今日於南殿被行後七日御修法、阿闍梨僧正榮遍、仁和寺菩提院、奉行職事説道、
黃昏之程、向葉室前大納言許、亥半時許歸、
（8オ）
九日、庚子、陰晴、晩頭小雨、
巳斜葉室前大納言被來、同道向牧野備後守許、次參內、申斜退出、參博陸、
十日、辛丑、晴、
午時許參內、未斜退出、向所ゝ、參町口、
十一日、壬寅、晴、
午時許參內、未斜退出、
十二日、癸卯、陰雨、
（8ウ）
巳斜葉室前大納言被來、□□□〔同伴向カ〕牧野備後守許、次參內、
今日大覺寺前大僧正・金地院自旧冬上京、參上、奉拜天顏、
烏丸〔光榮〕前大納言就歌道之儀、特勤仕之子細有之間、自關東被附心之事被仰下之処、勤仕之

通兄脚病により不參
諸禮
僧侶
醫師
山科厚安初參
所司代邸に赴く
御會始和歌題到來
後七日御修法終
阿闍梨御禮參內
儲君御元服立坊三月擧行の事仰下さる

間、米五十斛可賜之由被申之、仍今日仰其旨於烏丸前大納言、
戌半剋許、予退出、
十三日、甲辰、晴、
予不參、依脚病長坐難治也、
諸礼如例云々、圓滿院前大僧正去年傳法灌頂・一身阿闍梨勅許之御礼相兼、御加持奉仕、又院家報恩院權僧正今日密宗（9オ）之第一、去年補東寺二長者御礼相兼、・上乘院權僧正今日台宗之第一、等奉仕御加持云々、上乘院者、爲滅在之間不奉仕御加持之由、有其說、然處享保十六年・同十八年諸礼之日、故僧正尊通御加持奉仕之事被仰下、依此近例、今日奉仕之事被仰下云々、醫師、鍼博士成敬(藤木)・權鍼博士成適(藤木)・法印宗安・法眼道英(浦野)・俊悦(百々)・元說(生駒)等診天脈云々、成適初度也、又法橋厚安(山科)今日初參、旧冬被仰下也、
大臣殿今日令渡給、入夜令還給、
晩頭向牧野備後守許、
十四日、乙巳、晴、
和歌御會詠進之事、從右大辨宰相以觸折紙示之、御題每年愛花、加奉字了、
午時許參內、
（9ウ）後七日御修法阿闍梨御礼有御加持、參內、帥中納言(廣橋兼胤)俄依歡樂不參、
儲君御元服・立坊等、三月可被行之由、今日被仰下、附女房賀申之、御元服加冠太相府、

理髪俊逸朝臣、立坊内弁右大臣等被仰下云々、

入夜退出、參儲君御方、賀申右之儀、

相國寺邊火災により參內

十五日、丙午、陰、

寅時許丑寅方有火、相國寺邊也、倒衣馳參內、早速滅、此後退出、參儲君御方、奉窺御

安否、

神宮等遙拝

朝間拝伊世〔勢〕・石清水・同末社、

(10オ)

午時許參准后御方、(二條舎子)儲君御元服・立坊三月御治定之事賀申、次參內、」參賀之人々於御學問所奉拜龍顔、

未斜退出、參町口、

御吉書三毬打

十六日、丁未、陰、雪散、

秉燭之後參內、依御吉書・三毬打也、其儀了、亥時許退出、

午時許參內、未斜退出、

晩頭三条大納言被來、對話、

十七日、戊申、晴、

午時許參內、未斜退出、

風早公金名を公雄と改む

(風早)公金朝臣改名公雄、

十八日、己酉、晴、

所勞不參

依所勞不參內、

六條少將入來、暫時對話、

十九日、庚戌、陰雨、

午時許參內、未斜退出、參」(10ウ)町口、次向久世(通夏)前大納言許随身御會始詠草、對話、

廿日、辛亥、陰雨、午後霽、

新中和門院御忌法會
通兄般舟三昧院に參り葩を獻ず
著座公卿
散花殿上人

辰時許參般舟三昧院、獻葩、

新中和門院御忌、被行法事、着座公卿高倉前大納言・甘露寺中納言・大學頭(東坊城長誠)、散花殿上人敬季朝臣(高丘)・通敬(愛宕)・大江俊章(北小路)、奉行職事実連朝臣、

巳斜事了退出歸家、小時參泉涌寺、歸路便詣頂妙寺、

廿一日、壬子、陰雨、

巳斜參町口、次參內、

法中參內

南禪寺・天龍寺・相國寺・建仁寺・東福寺等參上、」(11オ)於清涼殿奉拜天顏、

黃昏之程退出、

廿二日、癸丑、晴、

法中參內

午時許參內、

智積院權僧正・小池坊權僧正等參上、蓮臺寺・本國寺不參、於清涼殿奉拜天顏、

和歌御會始讀師仰付らる

右大辨宰相示云、和歌御會始讀師之事可存知之由者、申承之由了、

日沒之程退出、

廿三日、甲寅、陰晴、

午時許參博陸、次參內、

三毬打

(11ウ)

三毬打如例、

晡時退出、向民部卿(飛鳥井雅香)許、次參町口、

消息宣下上卿

自頭辨送御教書曰、

口宣一紙獻上之、早可令下知給之狀如件、

十二月十八日　右中辨藤原俊逸奉

進上　源(久我通兄)大納言殿

延享三年十二月十八日宣旨

侍從源義(松平)敏朝臣

松平義敏を左近衛權少將に任ず

宜任左近衛權少將、

藏人頭右中辨藤原俊逸奉

大外記に下知す

(12オ)

予下知大外記師充(押小路)曰、

口宣一紙

侍從源義敏朝臣

宜任左近衛權少將事、

右、職事仰詞內々奉入之、早可被下知之狀如件、

十二月十八日　權大納言(久我通兄)判

大外記局」

和歌御會始
通兄讀師を勤む
天皇清涼殿に出御
參會の人々

(12ウ)

廿四日、乙卯、晴、入夜陰、小雨、

和歌御會始也、□□勤讀師之間、秉燭着直衣着薄色單、參內、中原章典着直垂在供、附懷紙於右大辨宰相、戌半剋許御于清涼殿西面御座、關白・右大臣・兵部卿宮(貞建親王)・常陸宮(晉仁親王)・座主宮(公遵親王)・前右大臣・前內大臣等着座、次予參進着文臺北方、目講師実連朝臣、々々々進着文臺西方、發聲左兵衛督(持明院家胤)着南方、講頌助音民部卿・新中納言(中院通枝)・源中納言・五辻三位(盛仲)・飛鳥井三位(雅重)等參進

通兄の所作

群居、次予取文臺上之懷紙置右方、次取最末之懷紙置文臺上、引延兩端置之、講頌至下句之

(13オ)

通兄天皇御座下に參進し御懐紙を賜はり文臺の上に置く

講師讀上ぐ

時、取他之懐紙引延」兩端如初、此間講頌畢、重置文臺上、後效之、逆上講頌如例、予歌講頌之間、予聊俯、不逃足、第一之人之歌讀上了、実連朝臣欲退、予目留之、爲令讀上御製也、悉講頌了、予取懐紙置右方、昇上段膝行、參進御座下、上(櫻町)自御懐中令取出御懐紙置御座上給、予取之退復本所、披御懐紙置文臺上、引延兩端実連朝臣讀上了退去、次講頌了、發聲以下退去、次予卷御懐紙過半卷之後、取上卷之、取之、昇上段參進、如初、置御座上御右方、退復本所、取臣下懐紙置文臺上退、次關白以下退去、今夜披講之懐紙、出座之親王・大臣太相府・中務卿宮(職仁親王)雖不參有披講、・所役之輩烏丸前大納言(光榮)・久世前大納言(通夏)・

通兄披講の反數を誤る

(13ウ)

風早前宰相(實積)□」反數如例、烏丸前大納言之歌二反、是亦如例、中務卿宮三反、□中之時、今一反□□三反了歟、中心不決、猶豫之処、左武衞不發聲之間、取兵部卿宮懐紙置之了、事終之後、人々称今一反不足之由、予自心氣之離散、忘却反數、可恥之甚也、仍附八條前宰相(隆英)内々恐申也、子時許事終、此後予退出、

廿五日、丙辰、陰、

北野社遙拜

朝間拜北野、

午時許參內、申時許退出、

六條少將被來對話、

廿六日、丁巳、陰、時々微雨、

關東使長澤資親上洛につき旅宿を訪ふ

巳時許葉室前大納言被來、同道向長沢壹岐守資親朝臣爲將軍家(德川家重)使今日上京、旅宿、

午斜參內、中半時許退出、參儲君御方、秉燭之後退出、

通兄關東使を自邸に饗應す
關東使參內
將軍前將軍等の獻物
關白と對面
儲君御方に參る
獻物
准后御方に參る
獻物

(14オ)
廿七日、戊午、晴、
早朝自內賜鮮魚、今日依招關東使也、
卯半時許葉室前大納言被來、辰時許長澤壹岐守資親朝臣入來、將軍家使也、自將軍家賜太刀・馬代・書翰如例、羞酒饌、山木筑前守(正信、禁裏附武家)來會、資親朝臣歸去之後、予・葉室前大納言同伴參內、于時巳斜、午時許資親朝臣參上、牧野備後守貞通朝臣同參、資親朝臣自關東言上之趣申之、進內書、從大樹御太刀一腰・御馬一疋代白銀千兩、・蠟燭千挺、自前大樹(德川吉宗)御太刀一腰・御馬一疋、代白銀千兩、自亞相(德川家治)御太刀一腰・御馬一疋代白銀千兩、等被獻之、尾張・紀伊・水戶獻上如例、此後御于清涼(14ウ)」殿、先是予・賴胤(葉室)卿參御前奏自關東言上之趣、內書備天覽、資親朝臣拜天顏、三度、大樹・前大樹・亞相等之使之儀也、予・賴胤卿相替申次之、次資親・貞通等朝臣私拜天顏、申次実連朝臣、各獻御太刀・御馬代、次賜天盃畢、入御、關白於議定所被逢兩朝臣、次兩朝臣參儲君御方、先予・賴胤卿參入、資親朝臣附予・賴胤卿、自關東言上之旨申之、從大樹御太刀一腰・御馬一疋、代白銀三百兩、從前大樹・亞相各御太刀一腰・御馬一疋代白銀二百兩、等進上之、尾張・紀伊・水戶各獻御太刀・御馬、代、予・賴胤卿附宰相中將(姉小路公文)言上之、次予・賴胤卿參准后御方、資親・貞通兩朝臣參上、資親朝臣附女房申入、自大樹白銀三百兩、自前大樹・亞相各二百兩進上之、尾・紀・水(15オ)」三家等進上如例、此後兩朝臣退散、次予向賴胤卿第、家主被誘引也、資親朝臣入來、使之儀也、賜太刀・馬・書翰、二獻之儀畢、資親朝

臣歸去、次予・賴胤卿同伴向資親・貞通等朝臣許、自關東賜物之事謝申也、黃昏予歸家、

廿八日、己未、晴、

巳斜葉室前大納言被來、賜位記・宣旨於武家使也、

午半剋許參內、

僧侶參內

知恩院大僧正參上、於淸涼殿奉拜天顏、

申斜退出、參町口、

自勾當內侍許、來月四日舞御覽可令參之旨、以觸折紙被告之、

廿九日、庚申、晴、

妙心寺門前火災

巳斜西方有火、妙心寺門前民家云〻、經一時許滅、

(15ウ)

午時許參內、

和歌當座御會通兄詠進す

於小御所有和歌當座御會、予詠進之、題歲暮雪、不出座、奉行源中納言、

戌時許予退出、

月朔參賀

任官敍位
葉室賴胤還任
權大納言
花山院常雅敍
從一位
烏丸光胤澤宣
成敍從三位

梅小路定福吉
田兼原敍爵

葉室賴胤自邸
に於て關東使
を饗應す

(16オ)

二月大

一日、辛酉、晴陰、雪飛、
巳半時許參儲君(遐仁親王)御方、次參內、
參賀之人〻於御學問所奉拜天顏(櫻町)如例、
今日官位之事有御沙汰、(葉室)賴胤卿還任權大納言、(北小路)光香朝臣任中務權大輔、(高倉)永秀朝臣任右兵衞佐、(花山院)常雅公敍從一位、」(綾小路)俊宗卿・(中山)榮親卿敍正二位、(梅園)久季・(五辻)廣仲有御內意申之云〻・(土御門)泰連・(下冷泉)宗家等卿敍從二位、(庭田)重熙・(持明院)家胤・(姉小路)公文・(甘露寺)規長・(勧修寺)顯道・(鷲尾)隆熙・(正親町三條)公積・(中院)通枝等卿敍正三位、(烏丸)光胤・(澤)宣成等朝臣敍從三位、(山科)師言朝臣敍正四位下、(錦小路)尚秀・(千種)有補等朝臣敍從四位上、有補朝臣去正月五日宣、(押小路)從季敍從四位下、(清閑寺)益房・(萬里小路)說道等敍正五位上、(廣幡)輔忠敍從五位上、故(梅小路)共經朝臣男藤原定福《トミ》五才、・(吉田)兼雄卿次男卜部兼原《オカ》七才、等敍從五位下、
二日、壬戌、晴、
卯半剋許向新大納言(葉室賴胤)第、依饗應長沢壹岐守(資親)也、辰時許長澤壹岐守入來、田中出羽守(勝芳、禁裏附武家)來會、被羞酒饌、其事訖、巳斜与家主卿同伴參內、

關東使參內歸府の暇を賜はる

（16ウ）

長沢壹岐守資親朝臣參上于長橋局方、下官・新大納言」出逢、仰勅答之趣、且親王・准后之御旨、次賜歸府之暇、有給物、次盃酌了退出、

未時許予退出、

所司代邸關東使旅宿に赴く

未半剋許新大納言被來、同伴向牧野備後守(貞通)許、次向長沢壹岐守旅宿、隨身女房奉書授之也、歸路之次、予參町口(久我惟通邸)、

三日、癸亥、陰、入夜雨降、

午時許參內、

幕府議奏八條隆英に家領百五十石を與ふ

八條前宰相(隆英)議奏役勤仕、且今度御讓位以後院傳奏之事可被仰下被思食、然處彼家爲少祿

（17オ）

之間、自關東可被附心之事被仰遣之処、可賜領地百五十斛於」彼家之旨被申之、

隆英御讓國以後院傳奏たるべき旨仰下さる

八條前宰相御讓國以後、可爲院傳奏之由被仰下、此事先日被仰下于關東之処、可被任叡慮之旨、被申了、於八景畫間關白(一條兼香)被傳八條前宰相、下官・新大納言・帥中納言(廣橋兼胤)列座、此後於便所下官・新大納言仰自關東賜百五十斛領地之趣於同卿、

秉燭之後、予退出、

四日、甲子、晴、

巳半時許參內、

舞御覧
鶴包丁
舞樂目録

(17ウ)

舞御覧、午時許事始、鶴包丁如例、
振鉾兼陳(東儀)・則安、
萬歳樂則安(辻)・則宗(辻)・近泰(窪)・友矩(東)、
長秋樂兼陳・康賢(東儀)・兼村(東儀)・廣章(林)、
胡飲酒忠敬(多)、
林　歌廣基(林)・廣規(林)・康賢(辻)・忠長(多)、
春庭樂寛葛・則宗・好葛(奥)・則安、
仁和樂兼村・廣規・久連(多)・忠充(多)、
太平樂則安・友矩・近泰・近教、
陪　臚廣陳(薗)・康賢(窪)・兼高(東儀)・廣章、
拔　頭寛葛(芝)、
還城樂季通(東儀)、
五常樂好葛・近教・近泰・寛葛、

地下樂人
左方

笙

篳篥

笛

鞨鼓

太鼓

(18オ)

皇仁庭 兼村・忠充・久連・忠長、

陵 王則安、

納曾利 廣基・廣規、

退出 長慶子

(18ウ)

左

笙

(豊)眉秋・(辻)則長音頭・(豊)敬秋・(豊)直秋・(東)友永、

篳篥

(窪)近宣音頭・(安倍)季純・(安倍)季任・(多)忠致・(安倍)季康、

笛

(豊)倫秋・(芝)葛英音頭・(山井)景貫・(豊)時習・(山井)景綱、

鞨鼓

(窪)近業

太鼓

(窪)近光

鉦鼓
右方
笙
篳篥
笛
三鼓
太鼓
鉦鼓

鉦鼓
(辻)高弘
右
笙
(多)忠壽・(多)忠昆・(林)廣經音頭・(薗)廣泰・(多)久雄、
篳篥
(東儀)季矩音頭・(東儀)兼里・(多)忠宣・(東儀)兼陰・(東儀)季通、」(19オ)
笛
(岡)昌名音頭・(多)忠敬・(岡)昌春・(多)久長・(多)忠豊、
三鼓
(東儀)季行
太鼓
(薗)廣音
鉦鼓
(岡)昌則」(19ウ)

舞樂胡飲酒の儀

六位藏人舞人を催促す

胡飲酒之儀、吹出乱聲之後、小時源澄仲(慈光寺)降長橋□□(假階カ)、經舞臺南至樂屋、催促胡飲酒舞人忠敬、着胡飲酒裝束、出向、先是左舞人一者不着面、着□、勸盃云々、澄仲歸昇之後、舞人着面出樂屋、進舞臺階下北行、經鉦与太鼓之間、出自太鼓・鉦鼓之間、舞臺階下南過、立歸昇舞臺、序二帖・破七帖舞畢之後、

祿を賜ふ

丹波(小森)頼亮取白大褂一領降自長橋假階、昇舞臺懸舞人右肩、舞人三突膝、次舞入綾退入、

催促使及び賜祿の事は舞人の願申すによる

此舞催促之使并賜祿之事、兼日忠敬願申、忠敬者多氏嫡流也、以此意味願申之、於今度者可依請、此以後奉仕」此舞之輩、不可企願之由、被仰下云々、

(20オ)

申斜事訖、日沒之程、予退出、

五日、乙丑、晴、

舞人多忠敬禮に來る

忠敬來、告昨日胡飲酒舞奉仕事々任願申恐悅之由、對面了、

新大納言(家仁親王)入來、依賜宣旨於武家使也、小時被歸、

午斜參式部卿宮、次參內、申斜退出、向久世前大納言(通夏)許、次參町口(久我惟通邸)、

六日、丙寅、晴陰、

所労不參

依所労不出頭、

東久世三位(通積)入來、暫時對話、

七日、丁卯、晴、

石淸水社遙拜諸社參詣

(20ウ)早旦着衣冠一日代物□、拜石淸水・同□□〔末社〕、」詣洛北八幡・御靈社、

午剋許新大納言被來、依賜宣旨於武家使也、小時同伴參內、秉燭之後退出、

所司代邸に赴く

八日、戊辰、晴陰、

巳時許新大納言被來、同伴向牧野備後守(貞通)許、次參內、未斜退出、參町口、

黃昏之程東久世三位被來、勸酒、亥剋許被歸、

寒氣冬の如し

九日、己巳、晴陰、時〻雪飛、餘寒恰如冬、

午時許參內、未斜退出、詣前內府(花山院常雅)許對談、次向新中納言(中院通枝)許、晚頭六條少將(有榮)入來、暫時對話、

黃昏之程、愛宕三位(通貫)被來、移剋被歸、」

柳原光綱邸の觀梅の宴に招かる

(21オ)十日、庚午、晴、

午時許參內、未斜退出、向別當(柳原光綱)第、賞庭前紅梅花、新大納言・高倉前大納言(永房)來會、盃酌數巡、亥時許歸家、自今夜御神事、明後日春日祭、

宮中御神事入

十一日、辛未、晴、

午時許參內、未斜退出、參町口、次向久世前大納言許對話、

聖廟御法樂和歌題到來

聖廟御法樂短册題濱千鳥、到來、奉行中山大納言(榮親)、答承之由、

十二日、壬申、朝間霙、屬晴、

春日祭

春日祭、上卿中御門(松木宗長)大納言、辨資枝(日野)、奉行職事実連(正親町)朝臣、」

(21ウ)

神宮以下遙拜

朝間拜伊世〔勢〕・內侍所・春日依祭也、・吉田、

久世(榮通)少將入來對話、

午時許參內、申斜退出、詣右相府(近衛内前)、

十三日、癸酉、晴、

火災

丑半剋許西北方有火、暫時滅、後聞、油小路・勘解由小路人家一宇燒亡云々、

午時許具中將(久我俊通)參兵部卿宮(貞建親王)、有對面、上野宮(邦忠親王)同對面、此後歸、予直參內、

火災

未時許西南方有火、堀川・三條坊門云々、申時許滅、人家六宇燒失云々、

黃昏之程退出、參儲君(遐仁親王)御方、」

(22オ)

月次御會和歌題到來

賜月次御會御短冊、題野梅・浦夏月、奉行新中納言、申承之由、

秉燭之後、向前源中納言(六條有起)第、東久世三位來會、有內祝之儀、盃酌及數巡、丑時許歸、

十四日、甲戌、陰、小雨、

午時許參町口、次參內、申斜退出、

十五日、乙亥、晴陰、時々雪飛、

諸社遙拜

朝間拜石淸水・同末社・梅宮・祇園・下御靈、

午時許參內、黃昏退出、
大臣殿（久我惟通）令渡給、入夜令還給、」
（22ウ）十六日、丙子、晴、
午時許參內、黃昏退出、
十七日、丁丑、陰雨、
午時許參內、未斜退出、
十八日、戊寅、朝間陰、午後屬晴、
午時許參內、未斜退出、

葉室賴胤拜賀著陣

今日新大納言（葉室）賴胤、拜賀着陣也、
十九日、己卯、陰雨、
午時許參內、未半時許退出、此後向新大納言許、賀昨日慶申之事、高倉前大納言・冷泉（下冷泉宗家）中納言・
別當・帥（廣橋兼胤）中納言・八條前（隆英）宰相各被來賀、盃酌數巡、及亥剋許各退散、
廿日、庚辰、朝間陰雨、巳後霽、

大聖寺宮に參る

（23オ）午斜新大納言」被來、同伴參大聖寺宮（永皐女王、中御門皇女）、依招引也、前住宮（文應女王、靈元皇女）・寶鏡寺宮（理長女王、中御門皇女）等出席、被示告趣有之、
次參內、申斜退出、

白川雅辰昨日卒去

八條隆英新知拜領を悅び宴を儲け通兄等を招待す

所勞不參

月次御會和歌未進
聖廟御法樂和歌詠進

北野社參詣

侍從雅辰(白川)朝臣昨日卒去云々、痘瘡云々、

廿一日、辛巳、陰、時々小雨灑、

午時許參內、未斜退出、

八條前宰相悅今度新賜領地之事、招予・新大納言・別當・帥中納言等、仍各未半剋許行向、但別當入夜被來、被儲美饌旨酒、盃酌數巡、又高野(隆古)・櫛笥(隆周)兩少將來会爲馳走、及深更各退歸、

廿二日、壬午、陰晴、時々小雨、

午時許參博陸、次參內、(23ウ)秉燭之程退出、

廿三日、癸未、晴陰、時々小雨灑、

依所勞不參、

廿四日、甲申、陰晴、

月次御會和歌未進之事、示新中納言許、聖廟御法樂和歌附中山大納言令獻之、

午時許參町口、次參內、黃昏退出、

廿五日、乙酉、雨降、未時許屬晴、

朝間參北野、歸後拜菅神御像、畫像・木像、有供物、

午時許參內、未斜退出、

宮中觀櫻の宴に武家傳奏議奏を召さる
御製短册を花枝に結び付けらる
通兄拜領せん事を請ふ
勅許
御在位中奉公の慰勞として宸翰御懷紙各一枚直衣各一領を參會者に賜ふ

廿六日、丙戌、晴、
午時許參內、
常御殿東北方之園中櫻花盛、下官・新大納言・別當」(24オ)・帥中納言・八條前宰相等依召參、園中敷座、於花下賜菓子・酒、日景暮之後、又召御前常御殿傍、賜酒、及闌被出御製、御短册被結付花枝也、下官附八条前宰相申云、此御製者下官可賜者、有天許、卽下官畏申進賜之、欲宴終之比、各賜天盃、次被慰下官・新大納言・別當・帥等御在位之間奉公勞、賜宸翰近年御會始和歌之御懷紙也、各一枚・御直衣各一領、八條前宰相被傳仰、各畏奉之、八条前宰相者、御脱屣之後、可候于院中勤傳奏之事、仍今夜之儀不同于四人、退去之後、下官附八条前宰相奉所被附枝之御製之和歌一首、此後又各召御前賜御製御短册、各一枚、於新大納言・別當・帥□□」(24ウ)先所被付花枝ト同御製也、於下官者、先賜之了、仍今三卿同賜之、叡慮不偏也、畢、退去、附□□申入今日之儀畏悦餘身之由、亥半剋許退散、

寛全親王仁和寺に入寺の儀
扈從公卿
前驅殿上人

廿七日、丁亥、晴、
辰終參內、
今日寛全親王(中御門)先帝皇子、号政宮、令入仁和寺御室得度給、自內被出立也、扈從公卿權大納言(大炊御門經秀)經、・中山大納言(榮親)親王別當也、・新中納言(庭田重熙)重、・源中納言(中院通枝)通、・左宰相中將(園基望)基、各直衣、下絬、前駈殿上人宜季(小倉)朝臣・榮敦(大原)朝臣・家長(高辻)朝臣・隆古(高野)朝臣・長香(清岡)・実將(裏辻)・源澄仲、各衣冠、或直衣、但澄仲束帶、各騎馬、瀧口

長橋車寄より御出立
得度の儀
戒師隆幸
著座公卿
脂燭殿上人
下御所を自今櫻町殿と稱す
後水尾院仙洞靈元中御門兩院御住居
久我惟通六十算賀祝宴を催す
來會の人々
和歌詠者

四人、隨身十人、皆着布衣、午時許自長橋車寄令出給、出皇居西面四足門西行、令立寄前右（醍醐冬熈）府第、暫休息之後、」（25オ）向御室給云々、今夜得度、奉行職事頭中將実連朝臣、戒師前大僧正隆幸、尊壽院、着座公卿權大納言・中山大納言扶持、・新中納言・源中納言・左宰相中將、脂燭榮敦朝臣・隆古朝臣・長香、陪膳家長朝臣、役送源澄仲云々、

申時許予退出、參町口、

廿八日、戊子、晴、

午時許參町口、次參內、

下御所後水尾院仙洞、其後靈元院・中御門院令住給、去冬以來称下御所、自今可称櫻町殿之由、被仰下、召下官・新大納言・別當於御前被仰也、關白祇候被傳之、

晡時退出、」（25ウ）

廿九日、己丑、晴、

今日祝大臣殿六十算、內々設饗□、午時許大臣殿令渡給、來會之人々、前源中納言（六條有起）・東久世三位（通積）・有補朝臣（千種）・榮通朝臣（久世）・幸雅朝臣（植松）・通敬（愛宕）・有榮（六條）・通賢（梅溪）等也、前源大納言（久世通夏）・源中（中院通枝）納言・源宰相中將（岩倉恒具）・愛宕三位（通貫）等依所勞不被來、植松三位（賞雅）雖被來早被歸、自旧冬所勞、今日出頭云々、有和歌、兼日催之、短冊、題云、松延齡友、題者民部卿（飛鳥井雅香）、下官・前源大納言・民部卿・源中納言・前源中

披講

葉室頼胤詠歌を贈らる平常特に親昵の故か

去年の處公務多端の爲今春に延引す

儲君御參內

納言・愛宕三位・東久世三位・(久我)俊通朝臣・榮通朝臣・有榮等詠之、榮通朝臣爲講師、予詠二反講之、芳意之至也、源宰相中將・植松三位依所勞、後日可被贈詠歌云々、各予所望之、此外一門之若輩未有」定師之間、不需望也、葉室大納言昨日面謁之次、被問今日之和歌題、予答民部卿出題之趣今日內々之儀、不可及他門、仍唯語題、不需望歌、之處、今日被贈詠歌、平常予特爲親昵之間、有此厚情歟、後日遣短册、望清書、即被書付贈之、和歌講畢、羞酒饌、盃酌數巡、有發聲之興、秉燭之後、人々退散、此後大臣殿令還給、去年令滿六十算給之処、公務繁雜、難得寸隙、且依有所思、延引于今春、開賀筵也、

(26オ)

卅日、庚寅、朝間雨降、午後屬晴、

午時許參町口、次參內、參仁和寺宮里坊、賀過日得度之儀、

申時許儲君令參給、

(26ウ)

黄昏予退出、

三月小

一日、辛卯、晴、

宮中觀櫻の宴に前大臣並に近臣小番御免輩を召さる

巳斜向民部卿（飛鳥井雅香）有謝旨、・前源大納言（久世通夏）對談、等許、次參町口（久我惟通邸）、次參博陸（一條道香）、次參內、今日召前右大臣（醍醐冬熙）・大臣殿（久我惟通）・前內大臣（花山院常雅）・近臣小番御免輩等、賜觀常御殿東北園中白櫻花、設座於樹下、賜菓子・酒、予候其席、入夜各退散、

南殿南庇にて當座和歌御會

階下の櫻滿開による

詠進者

二日、壬辰、晴、

巳斜參町口、次參內、

今日有和歌當座御會、南殿南庇舗滿疊爲其所、」(27オ)依階下櫻花盛也、三十首、御製（櫻町）二首、・關白・右大臣（近衛内前）・式部卿宮（家仁親王）・中務卿宮（職仁親王）二首、・常陸宮（音仁親王）・烏丸前大納言（光榮）二首、・下官供進題及御硯、・新大納言（葉室賴胤）・醍醐大納言（兼潔）・中山大納言（榮親）・民部卿題者、・別當（柳原光綱）・帥中納言（廣橋兼胤）奉行、・新中納言（庭田重熙）・源中納言（中院通枝）・右大辨宰相（烏丸光胤）・八條前宰相（隆英）・大藏卿（芝山重豐）・園池三位（房季）・飛鳥井三位（雅重）・俊逸朝臣（坊城）・実称朝臣（三條西）・公雄朝臣（風早）・実岳朝臣（武者小路）・隆古朝臣（高野）・時名（西洞院）等也、予詠進了、黄昏之程退出、

上巳の節句

參賀

鬪鷄の儀

三日、癸巳、晴、

巳斜參町口、次參博陸・准后御方（二條舍子）・儲君御假殿（遐仁親王）、次參內、

參賀之人〻於御學問所奉拜龍顏（櫻町）如恒、次鬪鷄之儀如例、畢申斜退出、」

所勞不參

(27ウ)四日、甲午、晴、

依所勞不參、

源宰相中將(岩倉恒具)被來、暫對話、

所勞不參

五日、乙未、陰、晩來雨降、
依所勞不參、

儲君御元服立太子の日治定
儲君九日より內裏に御移住

來十五日儲君御元服、十六日可有立太子之儀之由、今日御治定云々、又自來九日、儲君可令移住于內給云々、

宮中御神事入

從今夜公家御神事、明後日內侍所御拜、
六日、丙申、曉天驟雨雷鳴、曙之後止、雨猶灑、
午時許參內、申時許退出、參儲君御方、次參准后御方、
七日、丁酉、晴陰、
午時許參內、

內侍所に渡御御拜あり

(28オ)

今日渡御于內侍所、關白被候御裾、頭中將実連朝臣(正親町)取御劍、有御拜、御鈴之後還御如例、」
秉燭之後、予退出、
八日、戊戌、陰雨、
午時許參內、

儲君の御移住十三日に御延引

明日儲君可令移于禁中給之事御延引、來十三日可令移給云々、

秉燭之程、予退出、

九日、己亥、晴陰、時々雪飛、風烈、

午時許參內、申斜退出、

十日、庚子、晴、

敍位任官
植松賞雅敍正三位岩倉恒具辞參議

午半剋許參內、

今日有官位之御沙汰、雅重《(飛鳥井)》卿任侍從、賞雅《(植松)》卿敍正三位、雅香《(飛鳥井)》卿辞民部卿、恒具《(岩倉)》卿辞參議・」(28ウ)中將等、

儲君御元服に參仕を仰下さる

頭中將示云、來十五日儲君御元服可令參仕給之由、被仰下者、答承之旨、

戌時許退出、

十一日、辛丑、晴陰、

儲君御元服に著座仰付らる

頭中將以觸折紙示曰、

追申　剋限辰剋候、可令豫參給候也、

來十五日可有儲君御元服、爲」(29オ)着座御參之事、可令存知給之旨、被仰下候条、內々申入候也、

三月十日　実連

（久我通兄）
源大納言殿奉
帥中納言殿
（姉小路公文）
宰相中將殿

別紙曰、
追申　剋限午剋候也、
來十四日御習禮候条、可令參集給候也、
三月十日　実連
源大納言殿承了
帥中納言殿
宰相中將殿

御元服習禮の參集を命ぜらる

（29ウ）

午時許參內、未斜退出、向源中納言許、暫對話、
十二日、壬寅、朝間陰雨、午後屬晴、
午時許參內、未斜退出、參町口、
東久世三位（通積）被來、對話、
今日於臺盤所有和歌御會、讀師烏丸前大納言、」下讀師実称朝臣、講師俊逸朝臣、發聲權

（30オ）

宮中和歌御會

中納言、雅香、奉行新中納言云々、

儲君禁中に移住し給ふ

十三日、癸卯、陰、午後快晴、

午時許參儲君御方、今日自御假殿令移于內給也、未時許御出、不被刷御行粧、如去夏令渡于御假殿給之時、此後予參內、秉燭之後退出、

今日獻鮮魚于儲君、

十四日、甲辰、陰、晩頭雨降、

午斜參內、

儲君御元服習禮
天皇儲君出御

今日儲君御元服之御習礼有之、上（櫻町）・儲君出御、如形事了、

秉燭之後、予退出、

（30ウ）
十五日、乙巳、晴、

石清水社遙拜

早旦拜石清水・同末社、

儲君御元服
小御所を儀所とす
儀所の舗設

今日儲君御元服也、仍予着直衣薄色衣、文小葵、紅單、薄色藤丸指貫下括、猿尾、出衣之事、高倉家祕事云々、因茲兼示合永房卿（高倉）之処、息永秀朝臣（高倉）入來被整之、実彼家僕栗津來整之、此趣所示談于永房卿也、參內、

御冠儀最略之儀也、儲君御幼年故歟、又有思食事歟、仍以小御所爲其所、中段也、四方懸亘御簾、東面中央巻之、北中央南面設御座、繧繝端御疊二帖、其上加東京御茵、副西御簾迫南設儲君御座、大文高麗端御疊一帖、其上加東京御茵、東面、副南御簾迫東設加冠大臣座、大文高麗端疊一帖、其上加兩面端茵、北面、南簾外下段、此所四面懸亘御簾、敷高麗端疊三帖東面、副西御簾迫南敷大文高麗端一帖、大臣料、東折副南御簾敷小文高麗端二帖、

一條兼香通兄等著座
天皇出御
儲君御著座
(31オ)

理髪

加冠太政大臣一條兼香
入御
通兄以下退座
儲君に前物を供する儀は女房の沙汰
(31ウ)

立太子召仰の儀あり
(32オ)

大納言以下料、北面、爲公卿座、以其西方唐太宗仏文開館畫間、爲御休所、四面懸亘御簾、北方中央敷高麗端御疊二帖、其上加御茵爲儲君御座、」南面、傍置御調度、毎事如形也、已終許事始、先是置御調度於御冠儀御座前、北方二階棚一脚、東西行、上層置御冠、居柳筥、南方唐匣、有臺、其東方泔器、有臺、中央菅円座一枚、以上五位藏人役之、毎事執柄被沙汰之、太政大臣(一條兼香)直衣、黄衣、紅單、浮織物奴袴、文菱籠紐敷、・下官・帥中納言(中御門)直衣、躑躅衣、薄色單、薄色藤丸奴袴、下括、・宰相中將束帶、等着簾外座、此後出御、御直衣、御張袴、先帝御服、旧物之由所傳聞也、次儲君令出着御座給、御直衣、御指貫如常、次頭中將実連朝臣告出御之由於太相府、次太相府被進着簾中座、押遣茵、不被着、次実連朝臣參進、依加冠之氣色、召理髪之人、頭辨俊逸(坊城)朝臣參進、依加冠之氣色、進御座前不着円座、後又如此、理御髪畢、退候簀子、次加冠進御座前不被着円座、加御冠畢」復座、次理髪更參進、整御調度退出、次加冠起座退、次儲君令起御座入給、上入御、次撤御調度、本役人役之、次下官以下自下﨟起座退、儲君供御前物之儀、女房沙汰云々、今日之儀、傳奏新大納言、奉行職事実連朝臣也、此後附女房申入御冠礼無事被遂行之賀、

及晩御于御學問所、儲君令候給、召近臣賜酒、亥時許退散、

予參准后御方、賀申今日之儀、

進內・儲君・准后於御太刀・御肴等、

今日頭中將実連朝臣奉仰向右大臣(近衛内前)第、立太子召仰之事」有之云々、

立太子節會參仕の公卿

宣命奏

内辨右大臣諸司の具否を問ふ

左右次將

宣命使廣橋兼胤

諸卿外辨著座

天皇南殿に出御

内辨昇殿

開門

公卿標下に列立

内辨宣命使に宣命を賜ふ

十六日、丙午、晴、至晩陰、

辰時許參准后御方、賀申今日立坊之儀、次參內、

今日立太子也、傳奏別當、光綱（柳原）、奉行職事実連朝臣、公卿右大臣・權大納言經秀（大炊御門）、・醍醐大納言兼潔、・權中納言雅香（飛鳥井）、・帥中納言兼胤（廣橋）、・勸修寺中納言顯道、・宰相中將公文（姉小路）、・左大辨宰相、賴要（葉室）、少納言家長朝臣（高辻）、辨益房（清閑寺）、次將、左家季朝臣（清水谷）啓陣相兼、・師言朝臣（山科）・基名朝臣（石山）、右定之朝臣（野宮）啓陣相兼、・公雄朝臣（風早）・隆望（櫛笥）、午剋許事始、先公卿着陣座、右大臣召外記、被問諸司具否、頭中將實連朝臣仰宣命之趣、大臣召大內記家長朝臣令作宣命、卽進草、大臣令実連」朝臣奏之、返賜、次進淸書、大臣就弓場代奏之、返賜、大臣還着陣、次大臣告可爲宣命使之由於帥中納言、次諸卿着外弁、權大納言令召使下式筥、召外記問諸司、次大臣起座、於宣仁門外着靴、此間天皇御南殿、母屋南・西兩面假構簾臺、懸御簾垂之、御帳南方立大床子二脚、其上敷褥代、置菅御円座爲御座、有劍璽案、御帳東西敷疊各一帖爲關白・內侍等座、後立廻屛風歟、委不見及也、於淸涼殿西面御座着御〻束帶被用先帝御服旧物云〻、畢、出御、關白被候御裾、內侍取劍璽候前後、家季・定之等朝臣扶持之、近仗縫腋、壺胡籙、靴、扶持內侍之時者解弓箭、不放緌、卷纓、陣階下、立陣、內辨大臣進立軒廊、內侍臨檻、內辨取副宣命於笏昇殿、昇降於階下有揖、經賓子入自當間、着兀子、南廂第二間、迫東柱立之、次開門、次闈司分着、次召舍人、少納言家長朝臣就版、次內辨宣、刀祢召、家長朝臣称唯出召之、先是外」辨公卿雁列、次公卿入承明門代、列立標下、經秀卿入門頗西進、門与標之中央之程ヨリ練步、參議標南程ヨリ斜進、至標下練止、次內辨召宣命使、先正笏召官姓朝臣後、以扇鳴笏二聲、兼胤卿称唯離列參進、入軒廊昇自西階昇降於階下有揖、立內辨後方簀

(32ウ)

(33オ)

内辨降殿標下に立つ

宣命使宣命を讀む

内辨以下退出

天皇還御

大臣以下仗座に還著

天皇晝御座出御

大臣坊官除目を書く

清書葉室頼要奏聞

任官者拜舞

子、揖聊進寄、内辨自左袖下微〻賜宣命、兼胤卿取之、副笏聊逆行、立本所、揖左廻降殿、立軒廊東間、東柱下、南面、寄北立也、次内辨經本路降殿、對宣命使立相揖、出東間徐歩斜南行、自公卿列西程東折東行、自公卿列前程練歩、至標下練止、向北立定揖、兼胤卿出自軒廊西間、徐歩聊斜南行、尋常版西程ニ當テ南面一揖、東ニ歩向練歩東行、當公卿列前程東面一揖、斜北行、至版下」立定一揖、縉笏披宣命讀之、押合左顧、公卿再拜、又披宣命押合如前、公卿又再拜後拜之間、巻宣命、兼胤卿畢、兼胤卿拔笏一揖、練歩右廻經尋常版東、於公卿列東程練止、徐歩經大納言列・我列等後、復列、一揖了宣命入懷中、次大臣右廻經列上也、自承明門代退出、自標下至門下徐歩云〻、經秀卿經我列前、自月華門退出、此後儀不見、兼潔卿・雅香卿等出自月華門、自余卿相出自承明門云〻、此間天皇還御、大臣以下還着仗座、實連朝臣召大臣、〻〻着殿上座、此後出御晝御座、關白被候御前圓座、次実連朝臣召大臣、〻〻入上戸、經御殿南庇、自東簀子參進、被着廂圓座、次依天氣召男共、仰可持參硯・續紙之由、藏人辨資興(日野西)持參之、次大臣書」坊官除目、自物隙伺見之処、此間向暮、仍此後儀不見、其儀了、大臣還着殿上座、召外記筥納之、復仗座、令左大辨宰相清書畢、就弓場代奏聞、復仗座、召式部丞外記三度申如例、給除目、此後傳以下進弓場代、以実連朝臣奏事由、拜舞公卿一列、殿上人一列、畢、參本宮、次実連朝臣出陣、仰可差進啓陣之由於大臣、〻〻令加敷軾、次令外記召近衞、次左中將家季(清水谷)朝臣・右中將定之(野宮)朝臣等就軾、大臣仰〻詞、次將稱唯退入、依御同居儀、

(33ウ)

(34オ)

大臣以下本宮に參る
坊官除目
皇太子傅二條宗基
春宮大夫三條實顯
同權大夫中院通枝

(34ウ)

不差進外衛云々、此後大臣以下參本宮、以上之儀、予不見之、以傳聞大略記之、

傅　內大臣兼、　學士　文章博士家長朝臣兼、　同　(清岡)長香兼、
大夫　權大納言實顯卿兼、　權大夫　權中納言通枝卿兼、
亮　頭右中將俊逸朝臣兼、　權亮　左近中將実稱朝臣兼、
大進　藏人左中弁資興兼、　權大進　少納言時名兼、
少進　侍從(唐橋)在富兼、　權少進　藏人民部大丞(小森)丹波賴亮兼、
大屬　右大史(村田)春明兼、　少屬　權少外記(平田)中原職壽兼、
權少屬　外記史生木工大允宗岡經直兼、　主膳正　內豎(高屋)中原康昆
主殿首　內豎(渡邊)源珍之　主馬首　隨身(土山)源岑員

本宮の儀
傅以下參入

本宮儀、聞于通枝卿大略記之、傅以下參入、以准后御方假爲本宮、自東面四足門各參入云々、列立于中門東向、外、西面南上、公卿一列、殿上人一列〔統〕、權少進聊オメリテ立云々、大屬以下列其後云々、次亮俊逸朝臣離列、入中門啓事之由、還出仰聞食之由加列、次一等再拜、此間大屬以下居、畢入中門、傅・大夫・權大夫昇殿上着座、傅昇自當間着座、大夫・權大夫於沓脫下脫沓、昇自末間、自」後着座、此後起座、入便所休息、諸卿昇着之前、出復座云々、傅・兩大夫等着端云々、

傅大夫權大夫昇殿著座
勅使御膳具を持參
勅使に祿を賜ふ

(35オ)

亮以下自中門外昇便所、次藏人左少辨(萬里小路)說道持參御膳具小舍人相從、御膳具白張仕丁舁之云々、立中門外、令亮啓事之由、亮復命之後、說道着殿上、亮取白大褂一領授之、說道賜之退出、次実連朝

勅使御劒を持参
亮御劒を夜御殿に持参
諸卿御殿前庭に進み再拝
關白参入
殿上に著座
一獻
二獻
汁物を居う
三獻
公卿退出
賜祿なし省略の儀か

臣持參御劍自臺盤所被出之、取之持參云〻、実連朝臣立中門外、小舎人相從、令亮啓事之由、亮還出召之、実連朝臣昇中門廊代自渡殿昇云〻、參進御殿簾前、授御劍於亮、〻取之持參夜御殿、次亮取白大褂一領授実連朝臣、〻〻〻〻降殿、進前庭再拜退出、此後諸卿參入立中門外、令亮啓賀、亮復命、次諸卿入中門、進御殿前庭西面南上、立云〻、當階再拜畢、還出列立」中門外、啓昇殿之事、權亮申次、再

(35ウ)

拜畢、入中門昇着殿上座、右大臣昇自當間着端座、以下卿相各昇自末間、自後奥端相分着座、但經秀・雅香等卿自前着云〻、各於沓脫下脫沓云〻、先是關白參入、公卿着座畢被出着殿上座、奥、兼設饗饌於臺盤、次一獻、大夫勸盃、大進取瓶、大進置盃於瓶上、持參簀子、大夫起座、經諸卿座後、自末間出簀子、搢笏取盃、經簀子入自座上間、居關白座前聊上方、受酒飲了、弃凝濁、於妻戸長押下、更受酒勸關白、〻〻被取盃之後、拔笏退出簀子、入自當間復座、次二獻、權大夫勸盃、權大進取瓶、權大進持參盃如初、權大夫起座、自當間出簀子、搢笏取盃、經簀子入自座上間、居關白座前聊上方、伺關白氣色、受酒飲了、弃凝濁、於妻戸長押下、更受酒勸關白、〻〻被取盃之後、拔笏退經簀子、入自當間復座、次居汁物、關白・大臣前有美朝臣(綾小路)・實岳朝臣(武者小路)・實視朝臣(梅園)等役之、納言已下前、豫居之、賴要卿(葉室)申上、各下箸、立箸・匕於飯也、各笏置右方云〻、次三獻、權亮勸盃、權少進取瓶、權亮出自奥座後簾中云〻、假依舗設、無他路云〻、權亮於簀子取盃、經簀子入自座上間、勸關白、其進退同大夫、勸了經本路還入簾中云〻、次公卿退出、自上臈、今」度不賜祿、省略之儀歟、次供御膳、女房沙汰、此後傳奏・奉行職事等、無事被行訖由言上、各附女房賀申今日之儀退散、于時天曙之程也、

(36オ)

獻御太刀・御肴等於內・東宮・准后、

十七日、丁未、陰雨、

所労不参

称所労不参、

摂家中等参賀

十八日、戊申、陰雨、

午時許参內、

今日東宮御礼、立坊以後之儀也、摂家中・內々・近臣參上、於御三間御對面、摂家中賜御獻之儀無之、依御幼年、關白被辭申云々、

以女房自上・儲皇賜物、

秉燭之後退出、

親王前大臣等参賀

（36ウ）

十九日、己酉、晴陰、

午時許參町口、次參准后御方、悦申賜御肴之事、次參內、

東宮之御礼、親王・大臣殿・前內大臣等參上、於御三間御對面、

申時許予退出、

廿日、庚戌、晴、

午時許參內、未半剋退出、

所司代邸に赴く

廿一日、辛亥、晴、

巳時許新大納言入來、同伴向牧野備後守（貞通）許、次參內、

東宮之御礼、内々門跡於御三間御對面、内々公卿・殿上人於小御所御對面、姫宮方・黒御所參入云々、」

内々門跡等參賀

(37オ)
廿二日、壬子、陰、

午時許參内、

東宮之御礼、前左大臣・外様公卿・殿上人於小御所御對面、

讓位受禪の月を五月と仰下さる

關白は御受禪以後攝政たるべき御内意仰下さる

召下官・新大納言・別當・帥中納言(廣橋兼胤)・八條前宰相(隆英)等於御前、被仰下云、御讓位・御受禪之儀、來五月可被行之由者、關白祇候、被傳仰、自御受禪、關白可爲攝政之由、御内意被仰下、下官・新大納言於御前傳關白、

警固固關開關解陣等の上卿奉行を定めらる

兼日可被行警固・々關上卿右大臣、御讓位内弁之事者、先日被仰下云々、奉行職事実連朝臣、當日劍璽渡御奉行職事資興(日野西)、開關解陣上卿内大臣等被仰下云々、」

申時許退出、參准后御方、

(37ウ)
廿三日、癸丑、陰、

巳半時許參内、未時許退出、

申時許新大納言被來、東久世三位(通積)來會、有盃酌、及三更被歸、

廿四日、甲寅、陰、朝間小雨、晩屬晴、

午時許向新大納言許、次參內、申斜退出、參町口、

宮中御神事入

自今夜公家御神事、明日東照宮奉幣日時定、

廿五日、乙卯、晴、

神宮以下遙拜

朝間拜伊勢・內侍所・梅宮・吉田・祇園・北野・下御靈、

東照宮奉幣發遣日時定

東照宮奉幣發遣日時定、上卿新大納言、弁益房(清閑寺)、使左宰相中將(園基望)、奉行職事俊逸(坊城)朝臣、」

(38オ)

午時許參內、未斜退出、

廿六日、丙辰、晴、

巳半時許新大納言被來、依賜位記・宣旨於武家使也、

午剋許參內、

御讓位後の院參衆を定めらる

御讓位以後、可候于院中輩、今日被仰下、

權中納言　新中納言(中院通枝)　源中納言　右兵衛督
右大辨宰相　園池三位　新侍從三位　実観(山本)朝臣
行忠(石井)朝臣　兼久(町尻)朝臣　実称(三條西)朝臣　実岳(武者小路)朝臣
公雄(風早)朝臣　実胤(四辻)朝臣　隆古(高野)朝臣　時名(西洞院)

全て近習なり

実逸　皆是近習臣也、

右、八條前宰相（此卿兼奉院傳奏之御內意也、）仰之、下官・新大納言・別當」列其席、
申時許予退出、此後新大納言被來、（依對面武家使也、）小時被歸、

（38ウ）

櫻町殿中宮御殿上棟

廿七日、丁巳、朝間晴、巳時以後陰雨、
今日櫻町殿被新造中宮御殿上棟也、（辰剋、）仍獻御肴內・准后、
未時許參准后御方、（賀申上棟之事、）次參內、

諸親王を召し賜宴　前庭の藤花盛んによる

召式部卿・兵部卿・中務卿・帥・常陸・上野等宮・座主宮於渡殿賜酒、依前庭藤花盛也、
下官・新大納言等候其席、宴了親王各賜扇、」
及初更予退出、

（39オ）

所勞不參

廿八日、戊午、晴、
依所勞不參、

五攝家を召し賜宴　九條尚實自今以後官位勅問に與る

東宮御礼、大乘院前大僧正・圓滿院前大僧正・院家諸寺・石淸水社務・醫師・非藏人等
參上、無御對面、
太政大臣・關白・右大臣・內大臣・右大將召渡殿（三位中將（鷹司輔平）雖召、不參云々、）賜酒、且各賜御衣云々、
右大將自今官位之事、可有勅問之由、被仰下云々、
廿九日、己未、晴、

御譲位後の院参衆以外の近習番衆に賜宴

議奏衆に慰労として白銀絹を賜ふ

去月二十六日下賜の御短冊の字句を改めて再下賜

（39ウ）

東宮御礼、金地院・南禪寺・五山參上、金地院依願參云〻、無御對面云〻、

午時許參內、

御讓位以後、被召于院中外、當時近習之番衆、今日召渡殿賜酒、且賜物、其儀了賜絹・白銀等於別當・帥中納言・八條前宰相等、當時議奏之人數少、于殊公用繁雜之處、各無懈怠依勤仕、被慰勞也、

去月廿六日所賜之御短册之御製、被改四御句、更被染宸筆御短册各一枚賜下官・新大納言・別當・帥中納言等、昨日被出之云〻、下官昨日依不參、今日賜之、先日所賜之御短册返上之、

戌時許予退出、

月朔參賀

（40オ）

四月

一日、庚申、晴、

巳半剋許參町口、（久我惟通邸）次參內、參賀之輩御對面之儀無之、

黃昏之程退出、

二日、辛酉、晴、晩來陰、
午時許參內、申時許退出、
巳斜大臣殿(久我惟通)令渡給、入夜令還給、
三日、壬戌、陰雨、
午時許參內、申斜退出、
四日、癸亥、晴陰、
午時許參內、申時許退出、
晩頭六條少將(有榮)被來、暫對話、」
(40ウ)
五日、甲子、晴、
午時許參內、申時許退出、向春宮權大夫(中院通枝)許、暫對話、次向野宮中納言(定俊)亭、須臾面談之後歸、
六日、乙丑、晴、
午時許參町口、次參內、未半時許退出、
七日、丙寅、晴陰、
午時許參內、申半剋許退出、

二條宗基辭左大將持明院家胤辭參議橋本實文小倉宜季任參議

所司代邸に赴く幕府御脫屣後の御料進上を約す

般舟三昧院に於て中御門院聖忌御經供養あり著座公卿御願文諷誦文作者高辻家長淸書花山院常雅

內大臣（二條宗基）辭左大將、賜隨身兵仗、家胤（持明院）卿辭參議・左兵衞督・讚岐權守等、
實文（橋本）朝臣・宜季（小倉）朝臣等任參議、中將如旧、說道（萬里小路）兼左衞門權佐、
八日、丁卯、晴、
巳時許新大納言（葉室賴胤）入來、同伴向牧野備」（貞通）後守許、次參內、申斜退出、
(41オ)
御脫屣之後之御料自關東可有進上之旨、今日牧野備後守言上之、
今日大臣殿令渡給、黃昏之程令還給、
九日、戊辰、陰、
午時許參內、申斜退出、
十日、己巳、陰雨、巳後屬晴、
參泉涌寺、歸路之次、詣頂妙寺、
十一日、庚午、晴、
申時許參般舟三昧院、獻芭、今日依中御門院御忌辰、被經〔行〕御經供養、奉行職事俊逸（坊城）朝臣、
(41ウ)
其儀如例、御導師權僧正祐辨、上乘院、着座」公卿大臣殿・押小路前大納言（實岑）・按察使（綾小路俊宗）、布施
取殿上人行忠（石井）朝臣・尙秀（北小路）朝臣・大江俊章（北小路）、御願文・諷誦文作者大內記家長（高辻）朝臣、淸書前（花山院常雅）
內大臣云々、法筵之儀了、予退出、歸路之次、詣大德寺、白地歸、

午斜參內、未剋退出、

十二日、辛未、晴、至晩陰、

法中參內

午時許參內、

靈源寺は他山の上に列す

遊行末寺僧侶參上、於小御所拜天顏(櫻町)、次大通寺紫衣御礼、・國泰寺住持職之御礼、等於清涼殿拜天顏、須臾靈源寺住持職之御礼、參上、於靈源寺者、次第不可爲大通寺・國泰寺等下之趣意有之、仍兩寺退出之後參上、与他寺不混也、靈源寺列他山之上、則無子細、於同所拜天顏、」

通兄等立坊御祝儀を關東に賜ふ勅使仰下さる

(42オ)
賜立坊之御祝儀於關東勅使下官・新大納言、東宮(遐仁親王)之御使宰相中將(姉小路公文)、可向于牧野備後守貞通朝臣許之由、被仰下、日限未治定、今度有議、不向關東也、

黄昏之程退出、

幕府よりの立坊賀使上洛　前田長泰は元服賀使を兼ぬ

自將軍家(徳川家重)被賀申立坊使松平隱岐守定喬朝臣・前田信濃守長泰朝臣今日上京、賢長(長泰)朝臣者、被賀申御元服使相兼、

宮中御神事入

自今夜御神事、來廿六日賀茂祭、

十三日、壬申、陰雨、午後霽、

關東使の旅宿を訪ふ

辰半時許向新大納言許、同道向松平隱岐守・前田信濃守等旅宿、午時許參內、黄昏之程」退出、參町口、

(42ウ)
十四日、癸酉、朝間晴、午時陰、疎雨、至晩屬晴、

神宮以下遙拜諸社參詣

朝間拜伊世(勢)・內侍所・吉田・祇園、次詣榊・洛北八幡・御靈社・北野、

任官
敍位
岩倉尚具船橋本賢敍爵

午時許參內、戌時許退出、

基康(樋口)卿任宮內卿、尚実(九條)卿轉左大將、經秀(大炊御門)卿兼右大將、有美(綾小路)朝臣轉左近權中將、肥後權介如旧、顯道(勸修寺)卿兼左兵衞督、爲範(五條)卿敍正二位、通積(東久世)卿敍正三位、三月十日賞同日分、雅(植松)卿　通賢(梅溪)敍正五位下、恒具(岩倉)卿男源尚具十一歳、・親賢(船橋)朝臣男清原本賢七歳、等敍従五位下、

消息宣下

自藏人左少辨説道(萬里小路)許送御教書曰、

口宣一紙獻上之、早可令下知給之状如件、説道誠恐謹言、

四月七日　左少辨藤原説道奉

進上　源大納言(久我通兄)殿

(43オ)

源直倫敍従五位下任安房守

延享四年四月七日宣旨

源直倫

宜敍従五位下、任安房守、

藏人左少辨兼左衞門權佐藤原説道奉

大內記に下知す

右下知大內記家長(高辻)朝臣・大外記師充(押小路)曰、

口宣一紙奉入之、早可令下知給之状如件、

(43ウ)

四月七日　権大納言通｜〔兄〕

大内記局

延享四年四月七日宣旨

源直倫

宜敍従五位下、

権大納言通｜〔兄〕奉

大外記に下知す

（44オ）

口宣一紙奉入之、」早可被下知之状如件、

四月七日　権大納言判

大外記局

延享四年四月七日宣旨

従五位下源直倫

宜任安房守、

權大納言源判奉

石清水社等遙拜

十五日、甲戌、晴、

朝間拜石清水・同末社・梅宮・下御靈、」(44ウ)

關東使參內

辰半時許參內、

賀詞を申す

松平《松山侍從》隱岐守定喬朝臣・前田《侍從》信濃守長泰朝臣參內、將軍家被賀申立坊使也、長泰朝臣者被賀東宮御元服使相兼、牧野備後守貞通朝臣相伴參上、予・新大納言出逢、定喬朝臣・長泰朝臣申關東之賀詞、又長泰朝臣申御元服之賀詞、次申同趣於東宮、予・新大納言附議奏衆言上之、又附宰相中將・大藏卿・東久世三位(通積)言上于東宮、此後上御(櫻町)于清涼殿、定喬朝臣・長泰朝臣相並拜天顏、如此三度、大樹(德川家重)・前大樹(同吉宗)・大納言(同家治)等使之儀也、予・賴胤(葉室)卿相替申次之、依御元服賀儀、長泰朝臣別拜天顏之儀無之、次定喬朝臣・長泰朝臣・貞通朝臣等拜天顏、次各賜天盃、次關白於議定所被謁、此後於」(45オ)小御所有東宮御對面之事、進上之御太刀目錄兼置中段、定喬朝臣・長泰朝臣相並申御礼、如此三度、大樹・前大樹・大納言等之使之儀也、予・賴胤卿相替申次、次定喬・長泰・貞通等朝臣私之御礼、申次亮俊逸(坊城)朝臣、定喬・長泰持參御太刀、次入御之後、於同所下段賜御盃、垂中段之御簾也、大進資(日野西)興酌、次傳大臣(二條宗基)於便所帝鑑間、被對謁了、此後予・賴胤卿參准后御方、定喬朝臣・長泰朝臣・貞通朝臣相續參入、女房出逢畢、各退散、于時未下剋、予退出、

天顏を拜し天盃を賜はる
關白に謁す
東宮御對面
准后御殿に參る

立坊を賀する進獻物

賀立坊儀、自大樹進上御太刀一腰・御馬一疋代白銀三千兩、・御肴三種・御酒樽二荷於內、眞

御太刀一腰重眞、・御馬一疋代白銀三千兩、・綿二百把・御肴三種・御酒樽二荷於東宮、」御絹三十疋・御肴二種・御酒樽一荷於准后、自前大樹進上御太刀一腰・御馬一疋代白銀二千兩、・御肴二種・御酒樽一荷於內、眞御太刀一腰師光、・御馬一疋代白銀二千兩、・綿百把・御肴二種・御酒樽一荷於東宮、縮緬二十卷・御肴一種・御酒樽一荷於准后、從大納言進上同前大樹、但眞御太刀吉用、

(45ウ)

御元服を賀する進獻物

賀御元服儀、自大樹進上御太刀一腰・御馬一疋代白銀二千兩、・御肴三種・御酒樽二荷於東宮、自前大樹進上御太刀一腰・御馬一疋代白銀五百兩、・御肴二種・御酒樽一荷於東宮、自大納言進上同前大樹、於內・准后者、」唯被申入賀詞耳、

日沈西山之程向別業、入深更歸、

(46オ)

十六日、乙亥、晴、

午時許參內、晡時退出、

櫻町殿安鎭不動法始行

自今日至明後日三ヶ日於櫻町殿被行御祈、鎭不動法云々、修補以後之儀也、座主宮(尊祐親王)被勤修之、每夜有脂燭殿上人云々、奉行職事說道、(萬里小路)

十七日、丙子、晴、

午時許參內、黃昏退出、

十八日、丁丑、晴、

巳半剋許參內、

松平隱岐守・前田信濃守・牧野備後守等參上、賜酒饌、歷覽南殿・清涼殿幷鳳輦、（依願申也、）召下官・新大納言・議奏衆等於御前、（關白被候、）來月一日」御讓位日時定・警固・〻關被行、翌二日遷幸于櫻町殿、可有御讓位之儀之由被仰下、准后令乘行幸之出車、可移于櫻町殿給云〻、

（46ウ）

關東使參內
南殿清涼殿鳳輦を歷覽す
御讓位日時定等の日治定

亥時許退出、

十九日、戊寅、晴、

巳剋許參內、

關東使松平隱岐守定喬朝臣・前田信濃守長泰朝臣參上、依今日可被仰勅答也、牧野備後守貞通朝臣同參、先於清涼殿定喬朝臣・長泰朝臣相並奉拜天顏、（一度也、申次予、）次定喬朝臣・長泰朝臣・貞通朝臣等各於廂奉拜天顏、此後予・新大納言仰勅答・東宮御答之趣於定喬・長泰等」朝臣、次仰長泰朝臣敍從四位上之旨、次兩朝臣賜歸府之暇、次各賜物、（定喬・長泰各賜御太刀、貞通賜織物、）次自東宮賜物、（定喬卷物絹、長泰歌書絹、貞通沙綾、）各畏申退出、參准后御方、先予・新大納言參入、女房出逢、仰御答之旨於定喬・長泰等朝臣、次賜物、次賜菓子・酒了、各退散、此後予退出、

（47オ）

關東使參內
清涼殿に於て天顏を拜す
勅答仰出さる
歸府の暇を賜ふ

櫻町殿准后御殿安鎭不動法始行

江戸城二丸焼亡

御讓位後の院司を仰出さる

執事久我通兄

執權廣橋兼胤

旣別當五人

申斜向新大納言許、同伴（向脱カ）松平隠岐守・前田信濃守等旅宿、授女房奉書也、歸路之次、予參町口、自今日至明後日三ヶ日、於櫻町殿准后御宿盧被行御祈、鎭不動法云々、毎夜殿上人執脂燭云々、阿闍梨座主宮、奉行職事説道（萬里小路）、

廿日、己卯、晴、

午時許參內、黄昏之程退出、

關東城中二丸、去十六日焼亡云々、本丸・西丸無別事云々、

(47ウ)

廿一日、庚辰、晴、

巳終參內、

召御前、關白被候、被仰下御讓位日可補院司輩、內々被染宸翰折紙被下之、卽寫取返上之、

院司

執事　源大納言（久我通兄）

執權　帥中納言（廣橋兼胤）

旣別當　三條中納言（正親町三條公積）

右大辨宰相（烏丸光胤）

俊逸朝臣（坊城）

判官代三人

六位判官代二人追て加補主典代は通兄窺定むべし

院執事は近代大臣を以て補せらる

御受禪後の議奏並に近習を仰下さる

(48オ)

判官代

(三條西)實稱朝臣

(四辻)實胤朝臣

(日野西)資興

(西洞院)時名

(勘解由小路)資望

帥中納言以下、下官內〻可示傳之由被仰、卽各傳之、判官代六位二人追可被加、於主典代者、其人品下官可窺定云〻、

院執事、近代以大臣貞享心空華院關白、(鷹司)兼熙、于時右大臣、宝永敬心院關白、(二條)綱平、于時右大臣、享保大臣殿、(久我惟通)于時內大臣、被補、今度下官可居其職之事、當時之面目、自愛」(48ウ)不少矣、

及黃昏退出、參町口、

宰相中將・大藏卿(芝山重豐)・東久世三位(通積)等、自御受禪之日可爲議奏之旨被仰下、關白被傳之、予・新大納言・別當・帥中納言・八條前宰相(隆英)列其席、且當時候東宮輩愛宕三位(通貫)以下也、御受禪以後、可爲近習之由被仰下、別當・帥中納言・八條前宰相被傳之、予在其席、

廿二日、辛巳、陰、朝間雨灑、

所司代等と共に櫻町殿を歷覽す

巳時許向八條前宰相許、新大納言被來、須臾納言・相公相伴參櫻町殿、今度加修理、且准后御宿廬新造、近日依造畢也、牧野備後守貞通朝臣參會、堂上・堂下歷覽畢、退」(49オ)散、

未時許參內、秉燭之後退出、

櫻町殿地鎮祭

廿三日、壬午、陰雨、

今日於櫻町殿被行地鎮祭、陰陽助賀茂保篤(幸德井)奉仕之、

午時許參內、

予附中山大納言(榮親)・俊逸(坊城)朝臣・資興(日野西)等申云、御讓位日可被補院司之旨、奉御內意之間、當日着束帶可令出頭、然者行幸・劍璽渡御供奉可被仰下哉之由者、博陸內々依有被示告旨、如此所申也、後剋任申被仰下了、帥・三條兩納言同之、」(49ウ)

申時許退出、秉燭之程更參內、

內侍所臨時御神樂
天皇御拜
雨儀

今夜內侍所臨時御神樂也、奉行職事実連朝臣、戌時許渡御于內侍所關白被候御裾、取御劍、実連朝臣御拜、御鈴之後還御、依甚雨於軒廊有神樂之儀、本拍子新源二位(五辻廣仲)、末拍子榮敦(大原)朝臣、亥終予退出、

櫻町殿准后御所地鎮祭

廿四日、癸未、陰、

於櫻町殿准后御宿廬有地鎮祭、保篤行之、

午時許參內、黃昏之程退出、

入夜六條少將被來、對話移剋、

申時許地震、

地震

廿五日、甲申、晴陰、

(50オ)

辰半剋許新大納言・宰相中將被來、今日自內・東宮賜立坊幷御元服御祝儀於關東也、從准后同賜之、予・新大納言爲勅使、准后御使相兼、宰相中將爲東宮御使、向牧野備後守許、

天皇東宮准后より關東へ立坊並に御元服御祝儀を賜ふ

通兄等勅使として所司代邸に持參

午時許參內、

先日從關東進獻之白銀・綿等分賜諸臣、東宮同之、黃昏之程退出、此後向春宮權大夫(中院通枝)許、中將(久我俊通)同行向、愛宕三位(久世)・榮通朝臣(六條)・有榮等來會、示合來月二日行幸・節會等之儀也、及三更退散、

關東より進獻の白銀等を諸臣に分賜

廿六日、乙酉、晴、

辰終參內、

賀茂祭、近衞府使右中將定之(野宮)朝臣、內裏儀如近例、晡時予退出、參町口、

賀茂祭

入夜六條少將入來、對話移剋、

(50ウ)

廿七日、丙戌、晴、

巳斜參准后御方、次參櫻町殿、來月二日行幸・御讓位・節會・劒璽渡御參仕之人〻各參

來月二日參仕の人々櫻町殿を內見

院殿上に於て院司補任次第を賜ひ回覧せしめらる

入、有内見、兼日自奉行職事催之、次各參內、又有內見、下官參御前之序、賜折紙一枚、於院殿上被補院司次第也、右大臣被注進云〻、被仰下云、可被補院司輩可廻覽、明日可令返上之旨者、退披見了、傳帥中納言、次第廻覽之後、明日可被返于予許之旨示告了、

黄昏之程退出、」

入夜六條少將被來、對話移剋、及三更被歸、

平松時行敍正三位

基貫（壬生）朝臣任右近權少將、時行（平松）卿敍正三位、

(51オ)

廿八日、丁亥、晴陰、

大炊御門經秀拜賀著陣

午時許向右大將（大炊御門經秀）許、今日拜賀着陣、因所賀也、須臾之後、予退去、參內、

昨日所賜之折紙、今日返上了、

秉燭之程退出、

廿九日、戊子、陰、時〻微雨、

午時許參內、

立后來月下旬の由仰下さる

立后之儀、來月下旬可被行之由被仰下、下官・新大納言・議奏衆召御前、關白被候、被仰也、内弁内大臣（二條宗基）云〻、

(51ウ)

去夏難波宗建將軍に丸組懸緒進上により

去年夏難波前中納言（宗建）就丸組懸〔緒脱カ〕進上于關東之事、」飛鳥井中納言願申趣有之、且兩家不和之

飛鳥井家と不和の事天聴に達し和解せしめらる

組懸緒は飛鳥井家存知の儀なり難波家強て企願せばその家業を止むべし

難波宗建承伏

事達天聴、仍此以後和順元來示合之事〻者、相互可示合、於鞠道飛鳥井家獨立之子細者、御讓國以後、以女房奉書可被仰下、組懸之事勿論於飛鳥井家存知之儀也、強企願者、可至止難波家業、是却可爲一道之衰微者、此趣可示告于兩家之由被仰下官・新大納言、仍卽召侍從三位(飛鳥井雅重)父中納言(雅香)當時所勞、・宗城朝臣(難波)父前中納言(宗建)依此事、自去夏称所勞籠居、示之、難波家不可爲飛鳥井同樣之思之旨、是亦告之、前中納言出頭不可有子細之由、内〻所示告也、各退出、告父卿之処、承伏之旨、還參申之、

亥時許予退出、」

(52オ)

遵仁親王敍一品

無品入道親王遵仁仁和寺、敍一品、消息宣下、依聞食病惱痘後腫氣經息、不可快癒之由、被宣下也、改衣之事、同被仰下云〻、

一條兼香内舍人を辭す

太相府(一條兼香)辭大臣・内舍人等之處、内舍人辭退之事被聞食、於大臣之事者不被許云〻、

卅日、乙丑、陰雨、

午時許參內、

院司加補

源澄仲(慈光寺)・丹波賴亮(小森)御讓位日可被補院判官代、出納中原職甫(平田)可被補主典代、下官內〻可示聞之旨、博陸被傳仰者、卽示告之了、主典代人躰之事、下官窺御氣色之処、可被補職甫之由、被仰下了、

黄昏之程退出、

(52ウ)

秉燭之後、東久世三位・榮通朝臣(久世)・有榮等被來、行幸・」劍璽渡御次將進退之事、与中將

被示合了、

五月

一日、庚寅、陰晴、

午時許參內、

警固固關

警固〻關、上卿右大臣(近衛内前)、參議宰相中將(姉小路公文)、少納言行忠朝臣(石井)、辨益房(清閑寺)、大內記家長朝臣(高辻)、中務輔泰孝朝臣(倉橋)、近衞府榮敦朝臣(大原)左中將、・定之朝臣(野宮)右中將、衞門府兼領朝臣(萩原)左佐、・從季朝臣(押小路)、右佐、兵衞府實視朝臣(梅園)左權佐、・幸雅朝臣(植松)右權佐、固關使久連(多)・好葛(奧)已上樂所、・矩弘(眞繼)、御藏小舍人、內舍人和氣員倫(辻)・和氣正茂(神原)・佐伯常俊(岩室)、代也、生火官人、三寮使」(53オ)重威(小野)主殿寮、・賢兼(河越)兵庫寮、・職秀(小野)、主殿寮、奉行職事実連朝臣(正親町)、傳奏中山大納言(榮親)、

中半時許予退出、參町口(久我惟通邸)、

典侍姉小路定子敍從三位

典侍從四位上藤定子(姉小路)敍從三位、從御受禪日爲內上﨟、可称大典侍、今大典侍者、爲院上﨟、可称新大納言云〻、

二日、辛卯、快晴、

櫻町殿に行幸

今日行幸于櫻町殿、被行御讓位節會、可被渡劍璽於土御門殿今內裏、也、不可遲參之旨、

通兄束帯を著し參內
男俊通も亦參內
天皇南殿に出御
公卿南庭に列立
反閉
闈司奏なし
鈴奏
天皇乘御
御輿出御
近衞府前後に供奉

兼日自奉行職事(坊城俊逸)觸催之間、丑時許着束帯有文帯、蒔繪螺鈿劍、紺地平緒、參內、前駈辰祥朝臣(森)・元行(上田)廣幡家諸大夫、・中原章典(辻)、衞府長、布衣雜色六人、沓持、笠持、番(53ウ)頭六人、中將(久我俊通)相續着束帯闕腋袍、卷纓、緌、螺鈿劍、紫緂平緒、平胡籙、榮通朝臣(久世)・有榮(六條)同之、於如此行幸者、可着闕腋・平胡籙・螺鈿劍、於讓」位之儀者、可着縫腋・壺胡籙・蒔繪劍、仍人〻所意不一樣、予所思、不及前後改着裝束、强從旧蹤事歟、以最初嚴重裝束、從後儀不可有巨難歟、因茲不改着裝束、從讓位之儀也、參內、隨身四人、蘇芳袴ノ衞府長一人相從、沓持・笠持・雜色如例、此間人〻濟〻參集、右大臣(近衞內前)着仗座、召外記問諸司具否、召辨仰御輿裝束之事、此後出御于南殿、于時平明之程也、關白(一條道香)被候御裾、內侍取劍璽候左右、着御〻帳前平敷御座、南殿母屋懸亘御簾、御帳間卷之、先是近將入自日月花門引陣、左將渡階前立東也、南階上渡板設假階、仍次將分立其假階前也、俊通(久我)朝臣・榮通朝臣・有榮等懸裾、此外或懸或垂、將監以下在次將後方、公卿入自宣仁門起陣座進立之體歟、列立南庭、一列、北上東面、有去留揖、橘樹西方、衞府公卿在此列、左右大將(九條尙實・大炊御門經秀)・新左宰相中將(橋本實文)・新右宰相中將(小倉宜季)等分立階下、次將北雖須立(54オ)公卿列後、移立階下事可早速之由有催之間、直被進立階下也、出御之時、公卿磬折、次將各居地、次陰陽頭泰邦朝臣(土御門)」昇自西階、奉仕反閉了退、次闈司奏、無此儀、次少納言行忠朝臣(石井)參進、有鈴奏之事、次中務撤版位、丞大石以孝(堀川)從其儀、御輿豫寄之、舁上南簀子、向東、駕輿丁等群居簀子下、掃部寮兼敷設筵道於南廂、新左宰相中將昇自南階參進、取御劍入御輿、天皇(櫻町)乘御、大將称警、次將應之、次新左宰相中將取璽筥入御輿、自出御之時、公卿磬折、次將居地、乘御之後、各起也、出御・乘御兩度別可有其礼歟、是邂逅之儀、各不練習所致也、次公卿自下﨟離列、出月華門於門外各懸裾、先左衞門督(柳原光綱)・左兵衞督(勸修寺顯道)等離列進行、爲先陣之故也、右兵衞督(上冷泉爲村)・右衞門督(鷲尾隆熙)殘留、奉從後陣之故也、前行、御輿出御、近衞府供奉于御輿前後、奉從御後(54ウ)次將者、御輿令過前給之時蹲居、經月華門於門外、左大將仰」御綱、令出自右衞門陣代給、於平唐門外、御輿舁居榻上結副轅此間、

行幸行列
出車
左衞門府
左兵衞府
陰陽寮
印櫃
公卿

(55オ)

行列
先出車、輦男方車寄、劍璽內侍被乘云〻、童子・舍人・車副以下相從、
次左衞門府下﨟爲先、尉以下二行、督・佐在左、
督別當光綱卿(柳原)、看督長四人、火長四人、隨身四人、沓持・笠持・番頭等、佐兼領朝臣(萩原)、隨身二人、白丁等、尉弘篤(姉小路)・光保(小佐治)、志中原
旧章・源宗規(安見)、府生代宗岡行定(青木)・和氣武信(小畠)、各有從者、
次左兵衞府下﨟爲先、尉以下二行、權佐在右、督在左、
督顯道卿(勸修寺)、隨身四人、沓持・笠持白丁等、權佐実視朝臣(梅園)、隨身二人、沓・笠持、番頭、」尉景貫(山井)・季通(東儀)、志和氣景
從・宗岡行本(青木)、府生代宗岡秋行(青木)・高橋景政(岩垣)、各有從者、
次陰陽寮
頭泰邦朝臣(土御門)布衣四人、童一人、雜色、
次辨資興(日野西)、布衣二人、沓・笠持、番頭、少納言行忠朝臣、從者同弁、
次印櫃
主鈴中原康昆(高屋)・源珍之(渡邊)、各有從者、下﨟爲先、
次公卿下﨟爲先、各着靴、春宮權大夫一人着淺履、
右大臣諸大夫五人、隨身八人、沓持・笠持、番頭、雜色、・內大臣(二條宗基)諸大夫五人、隨身八人、布衣八人、沓・笠持、番頭、・春宮大夫實顯(三條)、諸大夫三人、衞府長、

御輿
左右近衛府

(55ウ)
布衣六人、雜色二人、沓・笠持、番頭、・下官從者見右、」一・醍醐大納言(兼潔)諸大夫三人、雜色長、小雜色六人、沓・笠持、番頭、・萬里小路大納(稙房)
言布衣六人、沓・笠持、白丁、・中御門大納言(松木宗長)從者同上、・清閑寺中納言(秀定)從者同上、・帥中納言(廣橋兼胤)如木雜色二人、布衣四人、沓・
笠持、雜色、・冷泉中納言(下冷泉宗家)布衣六人、沓・笠持、白丁、・新中納言(庭田)重煕、布衣六人、雜色四人、沓・笠持、・三條中納言(正親町三條公積)布衣四人、雜色二人、
沓・笠持、番頭、・春宮權大夫(中院)通枝、諸大夫二人、布衣六人、沓・笠持、番頭、・左大辨宰相(葉室頼要)布衣四人、沓・笠持、番頭、・右大辨宰相(烏丸光胤)如木雜色二人、
布衣二人、沓・笠持、白丁、
(56オ)
御輿鳳輦、駕輿丁五十五人、着立烏帽子柳左比、・退紅狩衣・白袴・肩當兩面染絹、畫文、・白布脛巾・藁沓、長六人、着冠・緌・蘇芳染狩衣・白袴・葈脛巾・藁沓、
左右近衛府相分供奉于前後、左將監宗保(鈴木)・將曹秦光武(土山)・府生紀宗冬・右將監美秀(山中)・將
曹藤原近信(村雲)・府生秦武郡(三上)各有從者、前行、下﨟爲先、左大將不張弦、諸大夫五人、隨身六人、雜色二人、」布衣六人、・右大將不懸
弦、納懷中歟、諸大夫三人、隨身六人、雜色四人、在其次、左中將家季(清水谷)朝臣・有美(綾小路)朝臣・宗城(難波)朝臣・俊通(久我)朝臣・少將
師言(山科)朝臣・基名(石山)朝臣・實岳(武者小路)朝臣・榮通(久世)朝臣・公繩(阿野)朝臣・公麗(滋野井)朝臣・定興(今城)朝臣、右中將俄依
兼久(町尻)朝臣・實称(三條西)朝臣・公城(德大寺)朝臣・少將公雄(風早)朝臣・有補(千種)朝臣・實胤(四辻)朝臣・隆古(高野)朝臣・隆(四
所勞不供奉云々、
條)敍朝臣・有榮(六條)・隆望(櫛笥)各具隨身、公城朝臣一人縫腋、壺胡籙、在御輿前後、上﨟在中、下﨟在前後、新左宰相中將実文(橋本)、・新右宰
相中將宜季(小倉)、在其後、各具隨身四人、大將・次將不具沓・笠持以下、是爲不近下部於御輿邊云々、左將監下毛野武弘(調子)・將曹身人部(水口)
清一・近衛代紀尚紀・右將監身人部(水口)富清・將曹源岑員(土山)・近衛代秦武堅(調子)各有從者、等在其
後、」

闕白
藏人
殿上侍臣
右兵衛府
右衛門府
出車
准后乘御
櫻町殿に到著
公卿弘御所前庭に列立

(56ウ)
次東竪子代源珍亮(渡邊)有從者、在左、
次闕白諸大夫五人、隨身十人、沓・笠持、雜色、
次藏人二行、
頭中將實連朝臣(正親町)縫腋、壺胡籙、隨身四人、沓・笠持、番頭、・頭右大辨俊逸朝臣(坊城)布衣四人、沓・笠持、・右少辨右衛門權佐益房(清閑寺)縫腋、壺胡籙、隨身二人、布衣二人、白丁、・左少辨左衛門權佐說道(萬里小路)同上、・源澄仲(慈光寺)・丹波賴亮(小森)・卜部兼矩(藤井)・大江俊章(北小路)、各具布衣二人・白丁、
次殿上侍臣二行、
家長朝臣(高辻)・宣條朝臣(伏原)・國榮(岡崎)・在富(唐橋)、各具布衣二人・白丁、
次右兵衛府督・佐在左、尉以下二行、
(57オ)
督爲村卿(上冷泉)、隨身四人、番頭、沓・笠持、　佐永秀朝臣(高倉)、隨身二人、白丁、沓・笠持、　尉」時習(豐)・廣規(林)・志忠充(多)・源忠將(井上)、府生代宗岡行周(三宅)・和氣靜貞(西村)、各有從者、
次右衛門府同上、
督隆熙卿(鷲尾)、隨身四人、白丁、　佐從季朝臣(押小路)、隨身、番頭、沓・笠持、　尉紀弘(堀川)・氏梁(岡本)、志和氣董正(神原)・平清英(粟津)、府生代宗岡行考(青木)・藤井賴中(桂)、各有從者、
次出車、輦長橋車寄、准后令(二條舍子)乘給云々、　童子・舍人・車副已下相從、
到櫻町殿、輦出車於車寄、公卿自下﨟入中門、列立于弘御所前庭、東上北面、有去留揖、予至列前、氣色于醍醐大納言不立向、

(57ウ)

立加上也、人〻所爲不同、或立向揖立加人有之、左衞門督・左兵衞督在此列、大將以下左右立替、大將中門外立替、次將於四足門下立替云〻、御輿奉」安弘御所御輿寄上、南階狹少之間、階西方放欄設御輿寄、左右大將・次將等分立階下、御輿寄階下也、階前狹少之間、次將左右上﨟各五人分立、下﨟者入中門不至階下、自便所西方切戶也、退去、是兼日奉行職事所示合也、

天皇下御

天皇下御、次將居地、公卿磬折、大將称蹕、次將應之、先是新左宰相中將昇階、參進開輦戶、取御劍授內侍、下御之後、取璽筥授內侍了退下、天皇令入母屋簾中給、

鈴奏

次中務置版、頗遲〻也、次少納言行忠朝臣鈴奏、公卿離列出中門、予昇自便所休息、于時辰半時許、

御讓位節會參仕の公卿

此後奉仕御讓位節會御裝束、以弘御所爲南殿代、以中門廊爲陣座代、節會公卿右大臣・左大將・中御門大納言・別當・冷泉中納言・右衞門督・新右宰相中將、少」納言行忠朝臣、

(58オ)

左右次將

辨資興、次將左有美朝臣・實岳朝臣・榮通朝臣、右公城朝臣・有補朝臣・有榮、

勅旨田

讓位宣命作者高辻家長

巳時許右大臣以下着仗座、職事仰勅旨田之事、大臣召辨仰之、次職事仰讓位宣命之趣、應德三年例云〻、大臣令大內記家長朝臣草進之、

宣命奏

就弓場代中門廊前、切戶之外也、奏之、還着仗座、仰清書之事、卽進清書、大臣又就弓場代奏聞了、還着仗座、

宣命使柳原光綱

賜宣命於內記、告宣命使之事於別當、次諸卿着外辨、西上北面、設幄、大臣起座進軒廊代、

天皇南殿代に出御

此間天皇御于南殿代、左大將卷纓撤弓箭取笏、着御御帳中倚子、南殿代母屋南西兩面懸亘御簾、近仗有美・實岳朝臣改着縫腋・壺胡籙、公城朝臣元來縫腋・壺胡籙也、此外不改行幸裝束、着闕腋・平胡籙・螺鈿劍、」陣階下、立陣也、

(58ウ)

內侍臨檻

內侍臨檻、大臣取副宣命於笏、昇自西階着南廂兀子、

開門

次開門、次闈司、次召舍人、少納言行忠朝臣入自中門就版、次內弁召刀禰、少納言出召之、先是外辨公卿起座、雁列于中門外西方、東上東面、次公卿入中門參左

外辨公卿標下に參列
内辨宣命使に宣命を授く
宣命使宣制
公卿退出
天皇入御
勅授帯劍の人解劍
劍璽渡御の儀
土御門殿迄筵道を敷く
大路辻毎に幔を引く
晝御座に出御
劍將清水谷家季
璽將正親町實連

大將練歩、列標下、異位重行、東上北面、次内弁召宣命使、別當離列昇自西階、經簀子立内辨後方、揖了置弓於檻下進寄、内弁賜宣命、別當取之取副弓、聊逆行、立本所揖降殿於西階下、降之時有揖、昇立軒廊代、殿上前之程也、南面、内弁降殿、向宣命使相揖南進徐歩、被就標、自公卿列辺練歩、次宣命使南進、徐歩、一揖東行、練歩、取副宣命於弓、當前聊高弓ノ末ヲ頗上テ、弦ノ方ヨリ左手ヲ加テ持、就版一揖置弓、右方、斜ニ置、」披宣命押合左顧、公卿再拜、又一段、公卿拜舞了、宣命使取弓一揖、諸卿拜舞之後也、二拜ト同時揖也、右廻練歩、經尋常版東復列、次公卿出中門退、右大臣左廻、左大將右廻、經我列之後、此外不見及、天皇入御、近仗退、節會之儀、自物隙伺見、大略注之、此後中務撤版・標云々、

(59オ)

于時午半時許、

此後勅授人解劍、職事着平絹袴・下重、旧例不必改着平絹裝束、殊近例不及其儀、今度有時宜歟、仍中將於便所改着袴・下重、平絹袴借東久世三位(通積)、穀二藍下重借植松三位(賞雅)了、公城朝臣・隆望同之云々、

(59ウ)

以弘御所爲御殿代、仍撤節會御裝束、供晝御座、」未時許有劍璽渡御之儀、自弘御所南階下至土御門殿御殿東階下敷筵道、經櫻町殿南西大路・土御門殿南大路等、大路毎辻引幔、出御于晝御座、攝政候圓座、次將分立階下、階前狹少之間、左右上﨟次將各五人分立、下﨟者群立中門辺也、各懸裾、大將昇自階相分候簀子、公卿群立中門下東辺、各懸裾、或有緌持之人、靴・淺履相交、予着靴、得自性寺殿(久我通誠)之御例也、中將同着靴、内侍二人取劍璽出庇、左中將家季(清水谷)朝臣昇階參進、取劍居簀子、次頭右中將実連朝臣昇階參進、取璽居簀子、左右大將降階前行、劍將降階、歩筵道、中將左右相分奉從、次璽將

(60オ)

行列

左衛門府

左兵衛府

公卿

寶劍神璽

左右近衛府供奉

(60ウ)

降階歩筵道、左右少將奉從出中門、此間前陣漸進行、」

行列近衛府者在筵道左右、自外各歩筵道左、各不具沓・笠持以下下部、

左衞門府

督具看督長・火長・隨身、・佐隨身、以下如行幸、尉以下無從者、

左兵衞府

督・佐以下如行幸、督・佐具隨身、尉以下無從者、

次公卿

如行幸、但新左宰相中將・新右宰相中將等在此列、召具同行幸、但不具下部、非衞府公卿布衣令持劍、所解之劍也、但右大臣番長令持之、內大臣・醍醐大納言諸大夫令持之、

寶劍家季朝臣奉持之、　神璽実連朝臣奉持之、

左右近衞府相分供奉、左將監宗保・將曹秦光武・」府生紀宗冬・近衞代源尙紀・右將監美秀・將曹藤原近信・府生秦武郡・近衞代秦武堅等、下臈爲先前行、無從者、次左右大將無召具、前行、左中將有美朝臣・宗城朝臣・俊通朝臣、右中將兼久朝臣・實稱朝臣・公城朝臣等奉從宝劍後、左少將師言朝臣不供奉此列、參新主御所、爲御服奉仕云々、・基名朝臣・實岳朝臣・榮通朝臣・公繩朝臣・公麗朝臣俄依所勞不供奉云々、・定興朝臣、右少將公雄朝臣・有補朝臣・實胤朝臣・

隆古朝臣・有榮・隆望等奉從神璽後、次將各無召具、左將監下毛野武弘・將曹身人部清一・右將監身人部富清・將曹源岑員等在其後、無從者、大將・次將等之召具、群行在于行列之後云〻、

(61オ)

攝政

次攝政(一條道香)被具諸大夫・隨身等、

驛鈴

次鈴

少納言行忠(石井)朝臣、具布衣、

漏刻

次漏刻

陰陽頭泰邦(土御門)朝臣、童・布衣等、

版位

次版位

中務大輔泰孝(倉橋)朝臣、布衣、

內豎

次內豎

中原康昆・源珍之、無從者、

右兵衞府

次右兵衞府

督・佐以下如行幸、督・佐召具隨身、尉以下無從者、

(61ウ)

右衞門府

次右衞門府

督・佐以下如行幸、督具隨身、佐從季(押小路)朝臣俄依所勞不供奉、尉以下無從者、

政官
土御門殿到著
新主晝御座に出御
内侍劍璽を夜御殿に安置す
入御
攝政慈光寺澄仲を藏人に補す
攝政澄仲に公卿昇殿勅授帶劍等の交名折紙を授く
攝政奏慶
勅授昇殿の賀
公卿殿上人拜舞
攝政藏人頭以下の禁色殿上人雜袍御乳母禁色等の事を仰す

次政官

辨資興、召具布衣、大外記師充(押小路)、具使部一人・布衣一人、左大史盈春宿祢(壬生)、同上、史生紀春昌・經重、官掌代紀氏信・紀氏章、

到于土御門殿入四足門、劍璽令過前給之時、磬折、公卿群立便所、四足門内西方、大將以下於四足門内左右立替、劍璽將入長橋斷間參進御殿東庭、大將以下奉從如大路、劍璽將立階前、大將・他次將等分立階下、(62オ)此間新主出御于晝御座、劍將昇階、授宝劍於内侍、次璽」將昇階、授神璽於内侍、兩將退、分立階下云々、此間攝政昇階被着庇圓座、内侍安劍璽於夜御殿、次入御、大將以下退、次攝政召源澄仲(慈光寺)於砌下、被仰補藏人之由、澄仲拜舞了退、次攝政更召澄仲於簀子、被下折紙、公卿昇殿、勅授帶劍、牛車如旧、殿上人、藏人、所衆、出納、瀧口等之事、澄仲向陣、仰牛車・勅授帶劍等之事於上卿、先是右大臣被着陣座、召外記被仰勅授・牛車之事、藏人頭以下之事下知出納了、攝政於便所帶劍、降自小板敷、立無名門前拜舞、無奏者、畢、被着殿上、次勅授・昇殿等之賀、公卿・殿上人各帶劍、云々、頭以下列之、但次將不及悉立、左右上﨟一兩人可立此列是攝政命云々、所不廣之故歟、仍中將不列立、(62ウ)列立于無名門前、公卿一列、殿上人一列、立公卿後、攝政降小板敷出無名門被加列、奏事由、」一〔統〕等拜舞以源澄仲為奏者、了、攝政被還着殿上、節會參仕之公卿可着殿上云々、然而右大臣・左大將直退出、被參院云々、中御門大納言以下被着歟、殿上兼居饗云々、自余公卿退出云々、予・帥中納言・三條中納言・右大辨宰相等相待攝政被參院之間候便所、攝政於殿上召俊逸朝臣、被仰頭以下禁

攝政吉書を覽る

公卿宜陽殿座に著く

内侍所御供大床子御膳朝餉御膳の儀あり

攝政以下參院

攝政奏慶

公卿著座

攝政院司交名折紙を通兄に授く

次第に披見

院司交名折紙

色・殿上人雜袍・御乳母禁色等之事、次攝政於直廬（小御所爲其所、）被覽吉書、（先官方、次藏人方、次政所、）又職事各持參吉書覽之、此間諸卿着宜陽殿座、少納言・辨同着座、豫設饗於臺盤机等、勸盃三獻、次中御門大納言着仗座、辨職事等下吉書、又有申文之事、職事仰禁色雜袍之事、(63オ)上卿召外記仰之、（此所依不見及、前後次第不知之、依傳聞大略記之、）」此後中將改着禁色（下重・袴、）退出、（是雖不必可如此、存祝儀也、）次職事仰御乳母禁色事、内侍所御供（不出御、）・御膳（実連朝臣勤陪膳、夕御饌被略之云々、）・朝餉御膳之儀有之云々、

未及黃昏之程、攝政被參院、相續予・帥中納言・三條中納言・右大辨宰相等參、可被補院司殿上人同參、先是右大臣・左大將等被參、右衞門督兼被參歟、

先攝政立中門外被奏賀、（源澄仲申次、）拜舞了被着殿上、依召被參御前、右大臣・下官・左大將・帥中納言・三條中納言・右衞門督・右大辨宰相等入中門參着殿上、（不設饗、右大臣・下官・三條中納言等端、左大將・帥等奧、右衞門督・右大辨等橫、）(63ウ)攝政出自御前方被着奧座、取出院司」折紙（攝政被書之、）被授下官、（自臺盤下被出之、）下官置笏居寄取之披見了、氣色于帥卿授折紙、（相共居寄授受、自臺盤下出之也、）帥卿披見了、被授三條中納言、々々披見了被授右大辨、々々披見、于時俊逸朝臣來自渡殿方、居右大辨傍、大辨授折紙、俊逸朝臣取之退去、

折紙

院司別當

公卿別當
執事久我通兄
執權廣橋兼胤
御厩別當
四位別當
判官代
年預

（64オ）

（64ウ）

公卿
執事　源（久我通兄）大納言
執權　帥中納言
御厩別當　三條中納言
右大辨宰相
四位
俊逸朝臣
實（三條西）稱朝臣
實（四辻）胤朝臣
判官代
年預資（日野西）興
時（西洞院）名
資（勘解由小路）望
源澄仲
丹（小森）波賴亮

主典代
院司拜舞
參內
大殿祭
通兄の感懐
內侍所御供大床子御膳
攝政參賀
通兄始め武家傳奏議奏近習參內天顏を拜す
披露始に當り俊通加階の御內意を傳へらる

主典代　　職甫朝臣(平田)出納也、
次攝政以下次第起座退出、院司殘留、列立于中門外、公卿一列、殿上人立其後、一列、一等〔統〕拜舞無奏者、畢、昇自便所、付女房畏申被補院司之儀退出、次還參內、賀申今日之儀、且畏申被補院司之事退出、亥半時許、今夜有大殿祭、未被始行、神祇大副和忠卿(藤波)奉仕之、後聞、丑時許事終云々、
一會之傳奏中山大納言(榮親)、奉行職事俊逸朝臣、劍璽渡御奉行職事資興、
今日自遷幸至讓國之儀無事故被遂、殊天顏終日」(65オ)快晴、可謂君臣之餘歡、下官愚昧之微質被補院執事別當、又非一身之恐悅乎、

三日、壬辰、晴、
巳時許參攝政、賀申昨日大礼無事被遂行、且爲攝政之事、　次參內、內侍所御供・御膳不出御、等如昨日、陪膳俊逸朝臣云々、
今日攝政參賀、自長橋車寄方被參、於常御殿御對面、　下官・葉室大納言(賴胤)・議奏衆・近習之衆等之御礼也、各於御學問所奉拜天顏、(桃園)
兩貫首実連朝臣・俊逸朝臣等示云、御受禪之後、來七日披露始也、俊通朝臣(久我)可被申一階、仍所申內意也者、答」(65ウ)承了由、是非唯兩貫首之意乎、攝政被相計之上、院之思食歟、
未剋許退出、參准后(二條舍子)御方、賀申昨日之儀、次參院、附女房奉窺遷幸以後平安御座哉否、小時之後退出、參町口、(久我惟通邸)

院布衣始
通兄は推參

參入の人々

御前座に列す
べき旨勅許あ
り

直仁親王推參
一同弘御所に
參著
出御

直仁親王通兄
に特に勅語を
賜ふ

開關解陣

開關使

今夜院布衣始也、黄昏之程、着狩衣薄色紗狩衣、文雲鶉丸、檜皮薄物衣、裏花田、紅單、藤丸薄色奴袴、參院、仲章(春日)着直垂在共、予雖無催所推參也、過剋參入之時、八条前宰相內々有被示告旨之故也、依催參人々、右大臣・烏丸前大納言(光榮)・葉室大納言・別當・帥中納言・新中納言(中院通枝)・右兵衛督(上冷泉爲村)・園池三位(房季)・侍從三位(吉田兼雄)・俊逸朝臣・実称朝臣(三條西)奉行、・師言朝臣(山科)・實胤朝臣・隆古朝臣(高野)・隆望(櫛笥)等也、予逢實称朝臣、申依聞及布衣始之由參入之旨者、小時」(66オ)實称朝臣云、令參給之旨申入之處、可令列御前座給之由被仰下者、答申承了由、戌時許右大臣以下參着弘御所四面懸亘御簾、西面卷之、下段西面敷繧繝端御疊二帖、其上加東京御茵、爲御座、不撤平常所敷之疊、公卿南北相分着、殿上人候西庇、東面、一品宮(直仁親王)推參、被列此座、之後、出御、令着御座給、右大臣被申昨今之祝着、有勅語、又一品宮・下官能コソ參入之由被仰、下官畏奉之、此後入御、各退出、附女房賀申布衣始之儀、下官特有勅語之事畏申、亥時許退散、今日進御讓位・御受禪之御祝儀於內・院・准后、又進御移徙之御祝儀於院・准后、又進干肴於院、畏申補」(66ウ)院司之事也、

四日、癸巳、晴陰、

巳時許參內、

開關解陣也、上卿內大臣(二條宗基)、參議左宰相中將、基望(園)、少納言時名(西洞院)、辨說道(萬里小路)、大內記・中務輔・衛府等同警固々關、開關使康賢(東儀)・則安(辻)以上樂所、・清生(粟津)御藏小舍人、・內舍人和氣景從(伊庭)・和氣董(神原)

正・和氣(小畠)武信、三寮使同固關、傳奏中山(榮親)大納言、奉行職事資興(日野西)、

內侍所御供大床子御膳

內侍所御供・御膳、不出御、公城(徳大寺)朝臣爲陪膳云々、

未半剋許退出、

今日進干肴於院、賀布衣始也、

五日、甲午、陰、

俊通正四位下を望む

俊通(久我)朝臣申正四位下小折紙附頭中將実」(67オ)連朝臣許、使章典(辻)、

端午節參賀

巳時許參町口、次參攝政・右相府、次參內、

攝政・下官・葉室(頼胤)大納言・議奏衆・近習當番衆等於御學問所拜天顏、賀端午也、

攝家中御受禪以後參賀

今日攝家中御受禪以後之參賀、自長橋車寄參入、於常御殿御對面、賜一獻云々、攝政者、一昨日參賀之儀有之也、

院に御讓位以後の參賀

未時許退出、參准后御方、賀申端午之節、次參院、今日御讓位以後之參賀也、攝家中・下官・葉室大納言・議奏衆帥(姉小路公文)中納言・宰相中將(芝山重豊)・大藏卿・東久世(通積)三位等也、別當今日當番也、明日可被參云々、・內近習衆等參入、三條中納言・資興・資望(勘解由小路)・源澄仲(慈光寺)・丹波頼亮(小森)院司也、非內近習、非院中祇候之人、等同參、」(67ウ)各於御書院御對面了、更召下官・葉室大納言・帥中納言・宰相中將・大藏卿・東久世三位等於同所、有勅語、以八

日野資枝を判官代に加補

條前宰相(隆英)被仰下下官云、權右少辨資枝(日野)可被加補判官代之由者、以消息仰資枝了、

秉燭之程退出、

御受禪以後の參賀

太上天皇尊號等宣下

中務輔詔書を院中に持參

上皇鎭守社に御參拜御奉幣

親王前大臣院參衆等御受禪以後の參賀

六日、乙未、陰雨、

巳時許參內、

今日一品宮・中務卿宮(職仁親王)自長橋車寄參入、於常御殿被拜天顏、賜一獻、・八條前宰相・近習小番御免之輩以上於御學問所御對面、・內・院內〻之衆於御三間御對面、內・院之衆混合、守次第參進、・院參外樣之衆於御學問所御對面、等御受禪以後參賀之儀也、」

未斜予退出、

(68オ)

七日、丙申、陰雨、巳後止、

太上天皇尊号・御封・頓給料・衞士・仕丁・御隨身等之事宣下、上卿內大臣、辨益房(清閑寺)、大內記家長朝臣(高辻)、中務輔泰孝朝臣(倉橋)、傳奏中山大納言、奉行職事資興、泰孝朝臣賜詔書之後、持參于院中云〻、詔書被留于院中云〻、於覆奏詔書者、以案寫之、可送于外記云〻、此事內〻尋問八條前宰相之処、上皇思食、且有先蹤歟之由被答之、

今日上皇始令參御鎭守神社給、帥中納言候御裾・御簾、自弘御所出御、實胤朝臣取御劍、有御拜、御奉幣之事、侍從三位兼雄卿(吉田)從其儀云〻、自一昨夜至今日御拜畢之期、重輕服之輩不參于院中、僧侶不經御前云〻、」

(68ウ)

巳時許參內、小時參院、賀申尊號宣下・始令參御鎭守給等之事、還參內、

今日御受禪以後之參賀、式部卿宮(家仁親王)・兵部卿宮(貞建親王)・帥宮(典仁親王)・常陸宮(音仁親王)・上野宮(邦忠親王)自長橋車寄參入、於常御殿御對面、賜一獻、・前右大臣(醍醐冬熙)・大臣殿(久我惟通)・前內大臣(花山院常雅)於常御殿御對面、賜一獻、・院參之輩內〻者於御三間、外樣者於御學問所御對面也、昨日不參之人〻也、等參入云〻、

黃昏之程更參院、過剋以奉書新大納言局、賜鮮肴、仍畏申此儀也、於請文者、速進之了、附女房申入退出、

今日獻鮮肴於院、賀申尊号宣下也、

八日、丁酉、陰雨、

實胤朝臣入來、出逢、依明日御幸、行列之事、自院被尋仰趣有之、卽申所存了、」

覆奏詔書に加署す

巳斜參內、今朝史生持來覆奏之詔書、加名返了、

外様衆參賀

前左大臣(西園寺致季)・外様衆等之參賀、於清涼殿御對面、(69オ)

申時許退出、參院、依明日御幸之儀、申入趣有之、寄御輿所之事也、小時退出、參町口、

今朝獻干肴於院、賀申昨日御鎭守初度御拜也、

九日、戊戌、陰雨、

上皇御脫屣後初て內裏に御幸

通兄催により參院

今日上皇御脫屣之後、初御幸于內也、予兼日自実胤朝臣催之間、巳剋許着直衣縚衣、薄色單、參院、前駈諸大夫(春日)仲章・德大寺家(小川)藤原正好・(辻)中原章典、衞府長、布衣雜色六人、沓・笠持、番頭六人、人〻漸參集、予附実胤朝臣申云、御輿・御簾誰人可候哉者、被仰下云、右大臣爲供奉被推參、仍可被候御簾之由、可被仰也云〻、」

御輿に乘御

(69ウ)

午時許人〻降自車寄、群立于便所、中門廊西辺、寄御輿轅、於中門廊、乘御、右大臣被候御簾、実胤朝臣取御劍云〻、令

御出門

出自四脚門給、

行列

行列

下北面

先下北面布衣、下﨟爲先、二行、無從者、

備前守氏基(岡本)縣主　加賀守宗衡(山形)朝臣　大炊助重美(松波)
豐後介豐益(速水)　安藝介藤原景豐(河端)　和泉守藤原盛政(齋藤)

上北面

次上北面　院藏人衣冠、下臈爲先、二行、無從者、
出雲守相堅(松尾)　織部正成光(藤嶋)　對馬守兼彦(吉田)已上上北面、

院藏人

式部大丞大江俊民(北小路)藏人、

殿上人

(70オ)

次殿上人下臈爲先、二行、各着深履、永秀(高倉)朝臣一人靴、
頭弁俊逸朝臣衣冠、卯花衣、紅單、布衣二人、沓・笠持、番頭二人、
少納言行忠(石井)朝臣衣冠、紅單、布衣二人、沓・笠持、
中務大輔泰孝(倉橋)朝臣衣冠、紅單、布衣二人、沓・笠持、白丁二人、
左少將實岳(武者小路)朝臣衣冠、帶劍、紅單、布衣二人、沓・笠持、
右少將公雄(風早)朝臣同上、
右兵衞佐永秀(高倉)朝臣衣冠、帶劍、紅單、布衣二人、沓・笠持、番頭二人、
右少將実胤朝臣同上、
藏人辨資興(日野西)束帶、布衣二人、沓・笠持、白丁二人、
少納言時名(西洞院)衣冠、紅單、布衣二人、沓・笠持、

藏人中務丞源澄仲(慈光寺)束帯、布衣二人、沓・笠持、

(70ウ)

藏人民部丞丹波頼亮(小森)同上、

公卿

次公卿下﨟爲先、各着深履、

通兄

予諸大夫三人・衞府長等前行、布衣六人、沓・笠持、番頭六人在後、

中山大納言直衣、繪衣、紅單、諸大夫一人、(前行脫カ)布衣六人・沓・笠持・白丁四人等在後、

源中納言通枝、衣冠、蘇芳衣、紅單、諸大夫二人前行、布衣六人・沓・笠持・番頭四人在後、

左大辨宰相頼要(葉室)、衣冠、繪衣、紅單、如木雑色二人前行、布衣四人・沓・笠持・番頭四人在後、

右大辨宰相光胤(烏丸)、衣冠、花橘衣、紅單、召具同左大弁、

御随身

次御随身六人布衣冠、二行、下﨟爲先、

秦光武(土山)　藤原近信(村雲)　大江秀品(山中)　下毛野武弘(調子)

身人部清弼(水口)　秦武詔(土山)

(71オ)

御輿

御輿

下﨟御随身

次下﨟御随身二行、

身人部清旨(水口)　身人部清一(水口)　紀淑長(鈴木)

秦武郡(三上)　藤原利恭(村田)　身人部清盈(水口盈清)

廳官
召次
御厩別當
御後檢非違使
右大臣
幸路
御學問所にて兩皇御同座
通兄等今日の儀を賀申す
還幸

次廳官紀治直(島田)衣冠、持御沓、居柳筥、
次召次布衣冠、二行、
珍亮(渡邊カ)　藤原久周
次御厩別當三條中納言(正親町三條公積)直衣、瞿麥衣、紅單、深沓、諸大夫一人前行、布衣六人・沓・笠持・番頭四人在後、
次御後檢非違使右衞門尉光枝(小佐治)布袴、有從者、
次右大臣直衣、花橘衣、紅單、深沓、雑色四人・番頭二人・諸大夫四人五位三人布袴、六位一人衣冠、随身等前行、各二行、侍童二人・布衣四人・沓・笠持・番頭・雑色等在後、」(71ウ)
經院御所西大路・皇居南大路等、令入西面四足門給、御輿寄長橋車寄、公卿群立于車寄前、御輿令過前給之時蹲居、下御之後、各昇自便所、
於御學問所兩皇御同座、召下官・葉室大納言・別當・帥中納言・宰相中將・大藏卿・東久世三位等、各今日之儀賀申退去、
申斜還幸、公卿群立于長橋車寄前、御輿秉寄車寄、乘御之後各前行、至院御所公卿群立于中門廊西辺、御輿令過之時蹲居、寄御輿於中門廊下御、」(72オ)此後各昇自便所、附女房賀申、於御書院供奉之輩各御對面之事有之、奏勅多々、此後各退散、于時戌半時許、
今日獻洲濱形臺御肴等於內、依初度御幸也、
十日、己亥、陰晴、

今朝獻御肴於院、賀申昨日之御幸也、

尊號詔書覆奏

今日尊號詔書覆奏也、上卿葉室大納言、辨資枝（日野）、傳奏中山大納言、奉行職事實連朝臣、

巳時許參內、

內々門跡參賀

內々門跡參賀、自長橋車寄參入、於常御殿御對面、賜一獻云々、」（72ウ）

除目
松木宗長敍從二位
俊通敍正四位下

宗長（松木）卿敍從二位、俊通（久我）朝臣・公城（德大寺）朝臣敍正四位下、爲泰（上冷泉）・爲時（藤谷）敍正五位下、

その經緯

俊通朝臣敍正四位下之事、實連朝臣以消息示告、卽送返札云々、

俊通朝臣・公城朝臣者有同列之中、上﨟季晴（三條）朝臣實顯（三條）卿息、父卿依有思子細、未加元服、又不申一階、俊通・公城可超越之由、去冬以來父卿雖被示告、於俊通者、年齒幼於季晴之間、猶豫之処、今度有兩貫首之內意、子細在去三日之記、仍不及辞、望申之處、今日被敍之、畏悅不少者也、

去七日實連朝臣示告可注進例之由、攝政被命之旨、」（73オ）因茲卽注家例得自性寺殿（久我通誠）・予等敍正四位下例、於折紙進之、是近年每度之儀也、

俊通御禮參內

俊通朝臣卽參內、予相共附女房畏申、次予相具參院・准后（二條舍子）畏申、次參攝政申入同旨、予直參町口、俊通朝臣詣右・內兩府・左大將・実連朝臣許、次參町口、予相具歸了、

十一日、庚子、陰晴、

大覺寺大僧正姫宮尼門跡等參賀
母の正忌により不參內
上皇內裏へ御幸
圓滿院前大僧正同院家參賀
石清水社檢校醫師等參賀

巳時許參內、未時許退出、

十二日、辛丑、陰晴、

大覺寺前大僧正參賀云〻、姫宮方（以茶宮）・黑御所（曇華院門跡聖珊女王・寶鏡寺門跡理長女王・光照院門跡尊乗女王・大聖寺門跡永杲女王）〻〻同參賀云〻、

予依母堂（細川綱利女）御正忌日不參內、巳時許詣頂妙寺、

（73ウ）

十三日、壬寅、陰晴、

巳時許參內、

巳半時許御幸于內、内〻之儀也、申時許還幸、

円滿院前大僧正・院家諸寺等參上、諸寺獻上之杉原兼悉置下段、仍每度披露ニ不及也、於清涼殿奉拜天顏、圓滿院前大僧正院家金剛王院前大僧正・常住金剛院權僧正等御加持奉仕之事雖被仰下、臨期無其儀、了、圓滿院更召御學問所有御對面、

秉燭之後退出、

十四日、癸卯、陰晴、

巳時許參町口、次參內、

石清水檢校正清・權別當統清・韶清・醫師等參上、於小御所奉拜天顏、獻上之杉原兼置下段、仍不及每度披露、醫師天脈拜診之儀無之、

（74オ）

申時許退出、

神宮等遙拜
諸社參詣

十五日、甲辰、陰晴、
朝間拜石清水・同末社、又拜伊世〔勢〕・内侍所・吉田・祇園・今宮依祭也、・梅宮・下御靈、詣
榊・洛北八幡・御靈社、

禪宗諸寺參賀
内院非藏人參賀

巳斜參內、
金地院當時依上京也、・南禪寺・五山等參上、於清涼殿奉拜天顏、獻上之杉原兼置下段如昨日、次内・院非藏人
拜天顏、
申時許退出、參院、於御書院有御對面、此後退出、
十六日、乙巳、陰晴、

智積院僧正等參賀

巳斜參內、「
智積院僧正・小池坊僧正・本國寺等參上、於清涼殿拜天顏、獻上之杉原如昨日、

(74ウ)

准后立后の日治定

准后(二條舍子)御方立后之事、可爲來廿七日之由被仰下、於便所攝政被仰下官・葉室大納言・議奏
衆等、卽附女房賀申、次參准后御方、次參院、賀申此事、葉室亞相同伴也、召御小書院有御對面、此
後退出、
十七日、丙午、陰晴、
巳斜參內、

知恩院參賀

知恩院參上、於淸涼殿拜天顏、獻上之杉原如昨日、

申時許退出、

(75オ)

十八日、丁未、陰晴、入夜雷兩三聲、其後暴雨、

巳斜參內、未時許退出、

一品遵仁親王薨奏
吉事連續により喪を祕す

一品入道親王遵仁去一日夜薨之旨、今日披露、依爲吉事相續之時節祕置、今日言上之由、坊官以下所申也、是非一寺計之所爲歟、仍申時許參院、葉室大納言同被參、相共附八條前宰相(隆英)奏之、此事

先づ院に申すべし

先可申院之由、八條前宰相被示告趣有之也、被聞食驚了、此上可奏內廢朝之事、可在攝政計之由被仰下、与葉室亞相相共向彼卿第、改着衣冠、亦彼卿同伴參內、攝政被候之間、申入此趣、次附大藏卿

三箇日間廢朝

奏達之、自今日至明後日三ヶ日可廢朝之由被仰下了、退出、于時戌時許、

十九日、戊申、陰晴、

所勞不參

依所勞不參、

(75ウ)

廿日、己酉、陰晴、

巳斜參町口、次參內、未時許退出、

廿一日、庚戌、陰晴、

黃檗山萬福寺住持大鵬來邸
明より渡來の僧

黃檗山万福寺住持大鵬來、自大唐所來之僧也、着紫衣黑巾、持髴子、譯語僧相從、賜紫衣綸旨之事謝申之儀也、於紫衣者、

武家之沙汰也、綸旨藏人弁資興書之、今日參攝政第、來予・葉室大納言許也、賜紫衣之綸旨之後、向執柄幷武家傳奏兩家謝之、先例云々、予着狩衣、對面大鵬、言語譯語僧令通之、賜綸旨畏存旨也、

譯語僧を同伴

巳半時許參內、未時許退出、

廿二日、辛亥、陰、入夜雲散快晴、

北野社參詣

朝間詣北野、

巳半時許參內、未時許退出、

(76オ)

廿三日、壬子、陰、午時許疎雨、入夜雲散快晴、

巳半時許參內、未時許退出、

廿四日、癸丑、陰晴、

巳半時許參町口、次參內、未斜參院、謁八條前宰相、次還參內、小時退出、

廿五日、甲寅、陰雨、

巳半時許參內、秉燭之後退出、

廿六日、乙卯、朝間陰、巳後屬晴、

午時許參院、次參內、申斜退出、

廿七日、丙辰、陰雨、入夜止、

立后節會
女御藤原舍子を皇太后となす
内辨二條宗基參仕の公卿次將
高辻冬長宣命草を作進
奏聞院奏
清書冬長奏聞
公卿外辨に著す
開門
公卿宣陽殿壇上に立つ
宣命使正親町三條公積宣制
公卿攝政直廬に參る
攝政右大辨烏丸光胤を召す

卯半時許參內、

今日以准后女御從三位藤原朝臣舍子立皇太后節會也、公卿內大臣（二條宗基）・三條大納言（實顯）・萬里小

(76ウ)

路大納言・甘露寺中納言（規長）・三條（正親町三條公積）」中納言・左宰相中將基望（園）・右大辨宰相（烏丸光胤）、少納言時名（西洞院）、辨說道（萬里小路）、次將左、榮敦朝臣（大原）・宗城朝臣（難波）・定興朝臣（今城）、右、実称朝臣（三條西）・基貫朝臣（壬生）・隆古朝臣（高野）、辰時許公卿着仗座、職事仰宣命之趣、大臣令大內記冬長朝臣（高辻）草進之、附職事奏聞、次有院奏、次令冬長朝臣淸書、次附職事奏聞、返賜、次大臣告宣命使之事於其人、次諸卿着外辨、依雨、設幄、月華門南腋 近仗引陣、依雨、在日月華門下、今日天皇不御南殿、ゝゝ懸亘簾如立坊日、 內辨取副宣命於笏立軒廊、內侍臨檻、內辨昇殿着南廂兀子、次開門、次闈司分着、次召舍人、少納言時名就版、次

(77オ)

刀禰召、少納言出召之、諸卿入月華門先是雁列于月華門下、參」列、宜陽殿壇上、異位重行、北上東面、上首人不練步云ゝ、依雨省略歟、次內辨召宣命使、三條中納言昇殿、立內辨後簀子、內辨賜宣命、ゝゝ使降殿立軒廊、內辨降殿、与宣命使相揖加列、不練步、次宣命使進立宜陽殿壇上、不就版、版ヨリハ頗南進立、南面、不練步、宣制、左傾披宣命、押合右顧、群臣再拜、又一段、群臣再拜、宣命使復本列、經公卿列南加列、次內辨以下自月華門退、于時巳半剋許、諸卿還着仗座、職事來仰可參攝政直廬之由、次大臣以下參直廬以小御所弘文館繪間爲其所、撤平常疊、四面懸簾、傍東簾敷高麗大文疊一帖、其上加兩面錦緣茵爲攝政座、絕席、其南敷高麗大文疊一帖、爲大臣座、絕席、其南折西敷高麗小文疊一帖、爲大中納言參議座、 着座、其路、經南殿北簀子、入小御所南妻戶參上、 次攝政出自北

(77ウ)

簾中被着座、不被着茵、次攝政召右大辨宰」相、ゝゝ進着圓座、攝政座前兼設菅円座一枚、右大辨依攝政氣色

宮司除目執筆光胤

宮司は兼官たるにより兼字を加ふ

除目清書光胤奏聞院奏

六衞府啓陣

(78オ)

宮司交名

本宮の儀
大夫以下拜舞
昇殿
册命使滋野井公麗參入

(78ウ)

召藏人右少辨（清閑寺）益房、仰硯・續紙之事、益房持參之、次攝政賜折紙於右大辨、ゝゝゝ書宮司除目了、奉攝政、取硯・筆等置座傍、置除目於柳筥、攝政披見了、右大辨還着圓座、硯・筆等如元返置柳筥、次右大辨依攝政氣色召益房令撤硯、次右大辨還着本座、次攝政氣色大臣、ゝゝ進居攝政座前、攝政賜除目、大臣披見被問申攝政云、止本官任宮司哉、攝政云、可爲兼官、大臣云、然者清書可加兼字哉、攝政云、可加、次大臣以下退下還着陣、令右大辨淸書除目畢、附職事奏聞、次職事持參院奏之、返賜、上卿召式省賜之、清書之事、依大臣与奪、甘露寺中納言行之云ゝ、次職事」仰可差進啓陣之由、上卿召六府將佐左中將榮敦朝臣、右中將実称朝臣、左衞門佐兼領朝臣、右衞門佐從季朝臣、左兵衞權佐實視朝臣、右兵衞佐永秀朝臣、被仰可候啓陣之由、啓陣之事、大臣着陣被行之云ゝ、此間宮司就弓場代依雨立四足門下、奏賀畢、參本宮、櫻町殿、以上皇御在所爲其所、

大夫　權大納言宗長卿（松木）兼、　　權大夫　權中納言重熙卿（庭田）兼、

亮　左中將家季朝臣（清水谷）兼、　　權亮　右少將実胤朝臣（四辻）兼、

大進　藏人左少辨說道（萬里小路）兼、　　權大進　兵部大輔資望（勘解由小路）兼、

少進　兵部少輔泰兄（土御門）兼、　　權少進　藏人大學助大江俊包（北小路）兼、

大屬　北面右衞門尉資邑（松波）兼、　　少屬　右少史安陪盛孝（山口）兼、

權少屬　官掌左衞門尉紀氏兼（小野）兼、」

於本宮、大夫以下列立于中門外依雨立中門下闥外、啓賀、拜舞了昇殿、册命使左少將公麗（滋野井）朝臣參入立

冊命使昇殿著座
賜祿
御調度使參入著座
賜祿
公卿殿上人啓賀
皇太后御椅子に著御
公卿殿上人昇殿著座
一獻
二獻
三獻
箸匕を立つ
簀子座に移る
加著の公卿殿上人
地下召人
御遊
呂律

中門外、令亮家季朝臣啓事之由、亮還出召之、公麗朝臣入中門昇寢殿西階着座、南簀子豫設高麗疊一帖、大夫取白大褂一領賜公麗朝臣、〻〻〻〻降自本路、於中門下拜舞了退出、次御調度使藏人源(慈光寺)澄仲立中門外、令亮啓事之由、大進說道出召之、使昇殿着座、如冊命使、權大夫取白大褂一領賜之、使降殿、於中門下拜舞了退出、此間宮司等設御倚子・大床子以下於寢殿、出納持參御膳具、內〻計渡、此後公卿節會參仕之公卿也、大夫・權大夫在此列云〻、・殿上人師言朝臣・公縄朝臣、等列立中門外、令權亮啓」(79オ)賀、皇太后(二條舍子)着御〻倚子、權亮復命、公卿・殿上人於中門下闈內、不進庭中、依雨每度如此、拜舞了昇殿、公卿着對代母屋座、以虎繪間爲對代母屋、撤平常疊、懸簾、大臣以下相對敷座、大臣高麗大文端疊、其上敷繧繝茵、大納言以下高麗小文端疊、其上敷兩面圓座、各有地鋪、師言・公縄等朝臣着同庇座、以殿上爲對代庇、敷紫端疊、公卿前赤木机、四位侍從前黑木机、兼居肴物、次一獻、端內府、瓶子權亮実胤朝臣、奥大夫、瓶子大進說道、各五位諸大夫上北面相堅、兼彦爲此役、取繼酌云〻、巡流至四位侍從、次二獻、端三條大納言、瓶子(アキマ)奥權大夫、瓶子(アキマ)繼酌如一獻、三獻又同、巡流如一獻云〻、次餛飩大臣前、四位殿上人、納言・參議前、五位殿上人、四位侍從前、五位諸大夫役之、居畢、右大辨申箸、各立箸、次三獻、端甘露寺中納言、瓶子泰兄、奥左宰相中將、瓶子(アキマ)、巡流如二獻云〻、次飯・冷汁・熱汁、追物菓子・薯蕷・粥等居之、役送同前、每居畢、右大辨申箸、各立箸・匕等、次各移着寢殿簀子座、南簀子折」(79ウ)西、兼設菅円座、三條大納言早出、不着此座、大夫又同、次按察使(綾小路)俊宗・花園前宰相(實廉)・有美(綾小路)朝臣・実胤朝臣・永武(高倉)等加着、地下召人忠壽(多)朝臣笙附物、・兼陳(東儀)宿祢篳篥附物、・則長(辻)宿祢笙音頭、・久長(多)笛附物、・好葛(奥)笛音頭、・季通(安倍)篳篥音頭、着砌下座、南階下敷黃端疊爲座、次御遊、呂、穴尊・鳥破・席田、律、伊勢海・万歲樂・三臺急、拍子按察使、附歌

催馬樂
綾小路俊宗仰により再興
一會傳奏奉行
攝政は本宮の儀に參らず
上皇內裏に御幸
通兄皇太后上皇天皇に參賀
所労不參

權大夫・有美朝臣・永武、琵琶花園前宰相、箏実胤朝臣、琵琶五位諸大夫持參之、箏兼置之、催馬樂今度按察使奉仰再興云々、事了公卿以下退出、賜祿之儀今度被略之、次供御膳云々、本宮之儀不見及之事者、以傳聞趣、大略記之、一會傳奏醍醐大納言(兼潔)、奉行職事俊逸朝臣、

攝政除目之儀畢、称所労俄退出、不被參本宮云々、

今日辰半剋許、上皇御幸于內、宣命草院奏之後、午」(80オ)半剋許還幸、除目清書院奏之前、

予未剋許參太后御方、賀申今日之儀、次參上皇御在所方、賀申今日之儀、本宮之儀畢、子剋許還參內、賀申無事故被遂行之旨、小時之後退出歸家、

獻鮮肴於內・院、干肴・御酒樽於太后、

廿八日、丁巳、陰、

依所労不參、

廿九日、戊午、陰雨、

巳半時許參內、未半剋許退出、

卅日、己未、陰、

巳半剋許參內、未半時許退出、

晩頭冷泉(下冷泉宗家)中納言・頭中將等入來、面話移剋、」

（80ウ）

六月小

一日、庚申、陰雨、晩來雷一二聲、
巳半時許參町口（久我惟通邸）、次參內、參賀之輩御對面之儀無之、未斜退出、參院、賀申月朔也、謁八條前宰相（隆英）、申斜退出、
入夜醍醐大納言（兼潔）被來、面談移剋被歸、

月朔參賀御對面なし

二日、辛酉、陰、
巳半時許頭中將（正親町實連）被來、暫對話、
午時許參町口、次參內、未時許退出、
入夜頭中將又被來、對談移剋被歸、
三日、壬戌、陰雨、
巳斜醍醐大納言被來、面話、
巳半剋許參町口、次參內、未時許退出、
（81オ）
申半剋許頭中將被來、暫對談之後、被向廣幡家、予相續向彼家、亞相（長忠）被出會、戌時許歸、

四日、癸亥、陰雨、

午時許參內、暫退出、

武家傳奏議奏參院

午半時許參院、葉室大納言(賴胤)・別當(柳原光綱)・帥中納言(廣橋兼胤)・宰相中將(姉小路公文)・大藏卿(芝山重豐)等同參入、先於御書院有御對面、次參止〻齋、於御前賜酒饌、次參壽山、賜菓子・酒、數巡之後、各退出、于時戌半剋、

酒饌を賜はる

五日、甲子、陰雨、晚來霽、

辰半時許參內、

上皇內裏に御幸行粧

今日院(櫻町)御幸、太后(二條舎子)行啓也、巳半時許先御幸、北面四人、二行、狩衣、次上北面藏人、衣冠、二行、次殿上人、俊逸朝臣(坊城)・実称朝臣(三條西)・隆古朝臣(高野)・資興(日野西)・実逸(高松)・資枝(日野)・丹波」(81ウ)賴亮、各衣冠、但資興・賴亮束帶、二行、次公卿左大將(九條尚實)直衣、劍笏、諸大夫三人、布袴、隨身布衣、・冷泉(下冷泉宗家)中納言衣冠、・左宰相中將(園基望)、直衣、不帶劍、不具隨身、以上各下﨟爲先、御輿、次廳官紀治直(島田)、衣冠、持御沓、次召次、中原康昆(高屋)・藤原久周、布衣冠、二行、次檢非違使隆弘(堀川)宿禰、布袴、次帥中納言、直衣、幸路如去月九日、御輿寄長橋車寄、

皇太后宮內裏に行啓行粧

相續太后行啓、先殿上人、家季朝臣(清水谷)亮、・実観朝臣(山本)・行忠朝臣(石井)・実胤朝臣(四辻)權亮、・說道(萬里小路)大進、・資望(勘解由小路)權大進、・泰兄(土御門)少進、・大江俊章(北小路)、權少進、各衣冠、俊章束帶、下﨟爲先、二行、次公卿醍醐大納言直衣、諸大夫三人、衣冠、衛府長、・清閑寺中納言(秀定)衣冠、・左大辨宰相(葉室賴要)衣冠、・新宰相中將(橋本實文)衣冠、不帶劍、不具隨身、・新侍從三位(飛鳥井雅重)、衣冠、下﨟爲先、御輿、次地下宮司、大屬資邑(松波)・少屬安倍盛孝(山口)・權少屬紀氏兼(小野)、各衣冠、二行、次大夫(松木宗長)直衣、諸大夫一人、衣冠、・權大夫(庭田重熈)、衣冠、諸大夫一人、衣冠、次檢非違使是知(町口)、布袴、次內大臣(二條宗基)、直衣、劍笏、諸大夫三人、衣冠、隨身布衣、」(82オ)自院中門廊御出、其路如幸路云〻、御輿寄長橋車寄、

上皇武家傳奏議奏を召し御對面

於御學問所上皇召下官・葉室大納言・別當・帥中納言・宰相中將・大藏卿・東久世三位(通積)等、有御對面之事、

還幸啓

申時許上皇還幸、次太后還御、此後下官參太后御方、賀申今日之儀、次參院、附女房賀申今日之儀、且畏申昨日之儀、

通兄初度行啓を賀し洲濱臺を獻ず

今朝獻洲濱形臺・干肴等於內、賀初度行啓也、

(82ウ)

六日、乙丑、晴、晩來陰、

巳斜大臣殿(久我惟通)令渡給、卽剋令還給、

巳終參內、未時許退出、

今日獻干肴於大宮、(皇太后二條舍子)賀昨日之行啓始也、

七日、丙寅、朝間陰、午後晴、

巳半時許參內、未時許退出、

御會始和歌題到來

自源中納言(中院通枝)許以觸折紙告曰、

(83オ)

松有歡聲

右和歌題、來十三日御會始可有披講、各可令豫參給之旨、院御氣色候也、

六月四日　通枝(中院)

烏丸(光榮)前大納言殿
三條(實顯)大納言殿
源(久我通兄)大納言殿

以下略、

右加奉返遣了、

八日、丁卯、晴陰、

神宮以下遙拜

早旦拜伊勢・內侍所・梅宮・吉田・下御靈、次參祇園旅所、

巳終參町口、次參內、未時許退出、

仙臺藩主伊達吉村女死去伊達家一昨年來不幸相つぐ

仙臺左兵衞督吉村(伊達)朝臣女稲葉丹後守正甫妻、去月廿七日」(83ウ)死去云々、產後、彼家去々年來數度之不幸也、可悼可哀、

九日、戊辰、晴、午後陰、不雨雷鳴、晩來屬晴、

午時許參內、未斜退出、

院中に於て賜酒

申斜參院、葉室前大納言(マヽ)・別當・帥中納言等同被參、召橋殿賜酒、入夜月光淸明、涼氣如水、亦於壽山賜菓子・酒、此後於小書院有御物語、子剋許退散、

十日、己巳、晴、入夜陰、

午時許參內、未斜退出、
十一日、庚午、陰、
巳斜八條前宰相入來、對話、
午時許參內、未時許退出、」(84オ)
入夜參町口、
十二日、辛未、陰、巳斜雷鳴兩三聲、此後微雨、暫止、酉時許又雷鳴兩三聲、疎雨、須臾止、
辰半剋許參內、

上皇皇太后內裏に幸啓

蹴鞠

天皇御所作あり

未時許院御幸、太后行啓、及晚攝政(一條道香)・下官・葉室大納言・帥中納言・宰相中將・大藏卿・東久世三位等召常御殿傍、主上(桃園)・上皇御同席也、於堂上有蹴鞠、平松三位(時行)・五辻三位(盛仲)・俊逸朝臣(坊城)・家季朝臣(難波)・宗城朝臣(大原)・重度朝臣(梅園)・実視朝臣等參之、上有御所作、」(84ウ)
申半剋許上皇・太后還御、
戌時許予退出、

家司春日仲章任右京權亮

右衛門大尉仲章(春日)任右京權亮、
去月十四日、小折紙附頭中將實連朝臣(正親町)、享保廿年二月十二日辰祥(森)任左京權亮、同日但馬守如旧之例注進之、筑前守如旧之事同申

之、今日右京權亮勅許、畏悦之至也、守如旧之事、未被許、

仲章筑前守如舊の事勅許
勸修寺新宮改衣願の件

十三日、壬申、晴、
右京權亮仲章申筑前守如旧之事、今日勅許昨日宣、也、頭中將昨日所労、仍今日披露云々、」
(85オ)
勸修寺新宮(寛寶親王)十六歳、改衣之事、師宮(尊孝親王)正徳六年六月十六日改衣、于時十六歳、依此例今度被願申云々、被願存之間、余內々可沙汰之旨、從勸修寺宮(尊孝親王)被示、又兵部卿宮(貞建親王)被示同旨了、此事先日兵部卿宮參院之序、附八條前宰相內々被窺上皇御氣色之處、以余內々可被願之旨有御沙汰云々、余与兵部卿親王家有由緒之故也、
巳終參兵部卿宮、依勸修寺宮改衣願之事有申合趣也、次參攝政、次參內、未時許退出、參院、此序附八條前宰相、勸修寺新宮改衣願之事可奏內哉之旨、內々申入之、須臾之後退出、參大宮(皇太后宮)、次參町口、

院御會始和歌詠進
改衣の件に關する上皇の御指示

黄昏之程着布衣參院、依和歌御會始所持參」懐紙也、
(85ウ)
召御前被仰下云、勸修寺新宮改衣之事、任申可被許也、此趣申內、聞食之上、被許之旨ヲ可示兵部卿宮・勸修寺宮等、女房奉書者不可被出也、主上御幼年之間、於院如此被仰下云々、勿論本家ヘハ自內被仰下趣ニ可示告云々、

改衣の事は表立たる願に非ず

改衣之事、表立タル願ニ非ス、以所縁之人內々被願申、是近例云々、

院脱屣後御會始

亥時許御會始之儀始、御製讀師右大臣(近衛內前)、講師右大辨宰相(烏丸光胤)、臣下讀師醍醐大納言(兼潔)、講師実

披講あり

（86オ）

連朝臣、」發聲皇太后宮權大夫、太政大臣（一條兼香）・攝政・中務卿宮（職仁親王）、出座之親王・大臣右大臣・一品宮（直仁親王）・前右大臣（醍醐冬熙）、・烏丸（光榮）前大納言・久世（通夏）前大納言・風早（實積）前宰相、所役之人々等之懷紙被讀上、反數如例、親王・大臣歌、第二三反下句計、但太相府歌第二反下句計、第三反全講頌、烏丸前大納言歌全二反、　子半剋許事畢退散、

久我惟通烏帽直衣を著し始めて參院

大臣殿今日始着烏帽直衣令參院給、令持參御懷紙給也、御早出云々、

十四日、癸酉、陰晴、

祇園社遙拜

朝間拜祇園、依御靈会也、

午時許參內、

改衣の件勅許

勸修寺新宮改衣之事、昨夜於院被仰下趣、內々申攝政、次以女房大御乳、附勾當內侍申入之、

（86ウ）

被聞食之」由被仰下、

未時許退出、

改衣勅許の旨を伏見宮勸修寺宮に傳ふ

勸修寺新宮改衣之事被許之旨、召兵部卿宮諸大夫（後藤）時紀・勸修寺宮諸大夫（山口）一長、等申入兩家、

小時從兵部卿宮被畏存之旨被示之、

晚來參町口、

十五日、甲戌、陰晴、

石清水社遙拜諸社參詣

朝間拜石清水・同末社、參榊・洛北八幡・御靈、

幕府への年始勅使御受禪立后御祝を相兼ぬべき事勅使通兄葉室頼胤たるべき事仰出さる

院使皇太后宮使を兼ね八條隆英に仰出さる

皇太后より立后御祝儀使を岩倉恒具に仰出さる

巳時許醍醐大納言被來、暫對話、
巳半剋許大臣殿令渡給、卽令還給、」(87オ)
午時許參內、
年始之勅使下向于關東之事、依御讓位・御受禪延引、御受禪・立后之御祝儀可相兼哉之事等、附帥中納言窺之、下官・葉室大納言可下向、兩事之御祝儀可相兼之由被仰下、
未時許退出、下官・葉室大納言等同伴參院、申入關東下向之事被仰下之由、自院年始之御使下向之事、被仰下于八條前宰相云々、御讓位・立后之御祝儀相兼云々、自大宮年始之御使・御讓位・御受禪之御祝儀同卿相兼云々、」(87ウ)自大宮立后御祝儀之御使前源宰相(岩倉恒具)可下向、此趣於內可被仰下之由、上皇御氣色之旨、八條前宰相被傳之、仍葉室大納言還參內、下官參攝政申入此旨、直還參內、小時攝政被參入、可仰前源宰相之由被命、卽召前源宰相仰之、申領狀、于時八條前宰相參入、爲被申爲院御使關東下向之事也、仍前源宰相領狀之趣可被申入院之由示之、
亥時許退出、
今朝自勸修寺兩宮、改衣之事被許、被畏存之旨被示之、仍今日候內之間、附女房、兵部(88オ)卿宮・勸修」寺宮被畏申旨申入之、

嘉祥御祝

通兄所勞と稱し祝儀座に出ず

十六日、乙亥、陰、時々驟雨、雷一二聲、
嘉祥御祝參入之事、此間自勾當內侍以觸折紙告之、
午時許參町口、次參內、
御祝葉室大納言以下三十人許參云々、予称所勞不出座、
未時許退出、
申半時許向三條大納言(實顯)許、暫對話、次向東久世三位許、前源中納言(六條有起)・新藏人等來會、及
深更歸、
十七日、丙子、快晴、
巳斜大臣殿令渡給、卽令還給、」
(88ウ)
午時許詣一品宮、次詣前內相府(花山院常雅)許、暫對談、次參內、未時許退出、
十八日、丁丑、晴、
巳斜三條大納言被來、對話、
午時許詣前右府(醍醐冬凞)許、次參內、未時許退出、詣右相府(近衞內前)許、
申斜愛宕三位(通福)被來移剋、入夜被歸、其間前源中納言被來、暫對談、
十九日、戊寅、陰、

上皇內裏に御幸

天皇上皇の御前に武家傳奏議奏を召し九月下旬即位禮執行の事仰下さる

即位傳奏廣橋兼胤奉行正親町實連に仰付らる

皇太后宮權大夫被來對話、
午時許參內、申時許退出、
晩頭皇太后宮權大夫又被來對話、
秉燭之程、前源中納言被來對談、」
(89オ)
廿日、己卯、陰晴、
六條少將(有榮)入來、暫對話、
午時許參內、未時許退出、參町口、
廿一日、庚辰、陰、
巳半剋許參攝政、次參內、未時許參院、申時許還參內、
申半剋許院御幸、
入夜主上・上皇御于御學問所、攝政被候、召下官・葉室大納言・別當・帥中納言・宰相中將・大藏卿・東久世三位等於御前、九月下旬可被行即位礼之由被仰下、攝政被仰之、先是召右大臣・內大臣・左大將被仰歟、」下官・葉室大納言・別當以下於便所記錄所、示前左大臣(西園寺致季)、於小御所帝鑑畫間可示之処、當時此所爲攝政直廬、此外無便宜所、仍於記錄所所示傳也、亦於八景畫間示告近臣以下事如例、攝政於直廬被仰
(89ウ)
即位傳奏・奉行之事於帥中納言・實連朝臣等、各附女房賀申即位治定之事、上皇今夜御

坐之間、同賀申之、更不及参賀于院中之旨、依有御沙汰也、

還幸

亥時許上皇還幸、此後各退散、

廿二日、辛巳、晴陰、

關東使京極高本旅宿を訪ふ
御讓位御受禪立后慶賀の使

辰斜与葉室大納言伴（同脱力）向京極近江守（高本）賀御讓位・御受禪・立后等使也、昨日着京師、旅宿、

午時許參內、未時許退出、」

（90オ）

廿三日、壬午、晴陰、

辰斜參內、

關東使參內

關東使京極近江守高本參上、牧野備後守貞通朝臣同參、是被賀申御讓位・御受禪・立后之儀也、

御受禪御祝儀獻物

御受禪之御祝儀、自大樹（徳川家重）御太刀一腰・御馬一疋代白銀三千兩、・御小袖三十領、自前大樹（徳川吉宗）御太刀一腰・御馬一疋代白銀二千兩、・綿百把、自亞相（徳川家治）御太刀一腰・御馬一疋代白銀二千兩、・綿百把等進上、

立后御祝儀獻物

立后之御祝儀、從大樹御肴二種・御酒樽一荷、從前大樹御肴一種・御酒樽一荷、從亞相御肴一種・御酒樽一荷進上、御肴・御酒樽者、從便所進之、目錄者置清涼殿下段、」

（90ウ）

天顏を拜す

高本付予・葉室大納言申自關東言上之趣、兩人亦付大藏卿申入、此後御清涼殿攝政被候御座傍、高本奉拜龍顏（桃園）三所之使相兼一度拜龍顏也、依幼主如此、予申次之、御太刀目錄兼置中段、次高本・貞通奉拜龍顏、各御太刀目錄持參、申

天盃を賜はる

次實連朝臣、是各私之御礼也、其儀畢入御、此後於同所中段、御簾、垂上段賜天盃、(萬里小路)説道從其事、次攝政於

關東使參院

議定所對面畢、高本・貞通等退出、參院、予・葉室大納言先參入、高本付八條前宰相申入自關東言上之趣、

御讓位御祝儀獻物

立后御祝儀獻物

(91オ)

御讓位御祝儀、自大樹御太刀一腰・御馬一疋代白銀二千兩、・綿百把、自前大樹御太刀一腰・御馬一疋、代白銀千兩、自」大納言御太刀一腰・御馬一疋代白銀千兩、進上之、立后之御祝儀、自大樹御肴二種・御酒樽一荷、自前大樹御肴一種・御酒樽一荷、自大納言御肴一種・御酒樽一荷進上之、

御對面

御盃を賜はる

於弘御所御對面、高本六度參進、兩事之賀儀、使之儀也、自三所 每度八條前宰相申次之、次高本・貞通私之御礼、各持參御太刀目錄、申次(坊城)俊逸朝臣、次賜御盃、三條中納言(正親町三條公積)勤陪膳、役送資興(日野西)・上北面相堅(松尾)、此間予・葉室大納言候南庇、

關東使皇太后宮に參る

事畢高本・貞通參太后御方、予・葉室大納言先參入、上﨟女房二人出逢、高本付女房申入關東言上之旨、」

御讓位御受禪御祝儀獻物

立后御祝儀獻物

(91ウ)

御讓位・御受禪之御祝儀、自大樹白銀千兩、自前大樹五百兩、自大納言五百兩、立后之御祝儀、自自(衍カ)大樹白銀二千兩・綿百把・御肴二種・御酒樽一荷、自前大樹白銀千兩・綿百把・御肴二種・御酒樽一荷、自亞相白銀千兩・綿百把・御肴二種・御酒樽一荷進上之、

関東使來邸御祝儀として太刀馬代を贈る

女房還出告申入之由、此後高本・貞通退出畢、予・葉室大納言退出、
申時許京極近江守高本爲大樹使來、爲御讓位・御受禪祝儀賜太刀・馬、（代黄金十兩、）山木筑前（正信、禁裏附武家）
守來會、高本歸之後、予向牧野備後守・京極近江守等許、謝申將軍家賜物之事也、高本
爲同使向攝政・葉室大納言亭云〻、

（92オ）

廿四日、癸未、晴、
午時許參內、未斜退出、
廿五日、甲申、朝間疎雨、巳時許南方雷鳴、暫後止、天猶陰、

北野社參詣

朝間詣北野、
午時許參內、未時許退出、
申時許向久世前大納言（通夏）許對話、次參町口、于時雷電暴雨、黄昏之程雨止之後歸之処、東
久」世三位（通積）被來雜談、盃酌之後被歸、

（92ウ）

所勞不參
院中に關東使を召し酒饌を賜ふ

廿六日、乙酉、晴陰、未斜雷電暴雨、半時許止、陰雲未散、
今日依所勞不參、於院中賜酒饌關東使京極近江守、牧野備後守同參入云〻、
廿七日、丙戌、晴、午斜陰、疎雨降、卽屬晴、
午剋許參內、未時許退出、參攝政、有對面、次歸家、

未半剋許葉室大納言被來、（依對面于武家使也、）聊有盃酌、入夜被歸、

廿八日、丁亥、晴、

辰半剋許參內、」

（93オ）

關東使參內
幼主により御對面なし
武家傳奏より勅答の趣を仰す
歸府の暇を賜ふ
關東使院皇太后宮に參る

關東使京極近江守高本參上、牧野備後守貞通朝臣同參、今日依可被仰勅答也、依幼主無御對面、下官・葉室大納言等仰勅答之趣、次高本敍從四位下之旨仰之、次賜歸府之暇、賜白銀五百兩・綿百把於高本、縮緬五卷於貞通朝臣、次賜酒饌、此後高本・貞通朝臣等參院、予・葉室大納言等先參入、於弘御所御對面、（高本一度、申次八條前宰相、次高本・貞通私之御礼、申次俊逸朝臣、）賜御盃、（高本・貞通、三条中納言勤陪膳、（日野西）資興・上北面成光（藤嶋）役送、）次於便所八條前宰相仰勅答之旨、次賜白銀三百兩・縮緬十卷於高本、絹三疋於貞通畢、高本・貞通等參太后御方、先是予・葉室」大納言等參、上﨟女房出逢、仰御答之旨於高本、次賜和歌卷物一軸・沙綾十卷於高本、綸子二端於貞通、次賜菓子・酒（下北面等役之、）畢、各退出、

（93ウ）

關東使に女房奉書を賜ふ

申斜葉室大納言被來、同伴向京極近江守旅宿、隨身女房奉書也、

廿九日、戊子、晴、

自院賜鮮魚、（鯉、）自女房（新大納言、）以奉書被傳仰、卽進請文、

午時許參內、未時許退出、參院、申半時許退出、

清祓

清祓、神祇權大副(吉田兼雄)奉仕之、奉行職事說道、」

(94オ)

七月大

日蝕

一日、己丑、晴、日食、

月朔參賀

午時許參町口(久我惟通邸)、次參內、未時許退出、參式部卿宮(家仁親王)許、

黃昏之程向八條前宰相(隆英)許、亥半時許歸、

二日、庚寅、晴、

法中御禮參內

巳半剋許參內、

西本願寺大僧正光闡大僧正御礼、・密乘院權僧正明盈勸修寺宮(尊孝親王)院室、權僧正之御礼、參上、於清涼殿奉拜天顏(桃園)、

未時許退出、

武家傳奏議奏院より賜物

(94ウ)

申時許參院(櫻町)、依召也、葉室大納言(賴胤)・別當(柳原光綱)・宰相中將(姉小路公文)・」大藏卿(芝山重豐)・東久世三位(通積)同被參、各依召也、帥中納言(廣橋兼胤)依番不參、以女房近江、賜物、先日自關東獻上之白銀也、又下官・帥中納言別賜物、依院司也、是亦自關東獻上之綿也、帥中納言今日不參之間、自下官可相傳云々、

御園歷覽

此後下官・葉室大納言・別當等御園歷覽、入夜退出、

三日、辛卯、晴、

所司代邸に赴く

辰斜葉室大納言被來、同伴向牧野備後守(貞通)許、
午時許參內、未時許退出、
源中納言(中院通枝)被來、雜談移剋被歸、
四日、壬辰、晴、
(95オ)午時許參兵部卿宮(貞建親王)對談、次參」內、未時許退出、
五日、癸巳、晴、晚來東北方雷鳴兩三聲、

通兄並に葉室賴胤去る二月賜はれる宸翰を表裝し叡覽に入る

未時許參院、去二月廿六日所賜宸翰(御懷紙、御短册、)加裝飾、仍今日入叡覽也、葉室大納言同之、因被參入、(兼日下官・亞相等付八條前宰相窺定日限、)獻鮮肴五種・菓子三種・花等、与納言所示合也、又下官・納言別獻名酒各二種・御盃臺各一基(下官雪月花、納言松鶴、)等、下官懸御懷紙於御小書院、御短册於壽山、納言懸御懷紙於御書院、御短册於止〻齋、申半剋許先御于御小書院、次御于御書院、次出御壽山、供御菓子・御酒、次渡御止〻齋、又供御酒、烏丸(光榮)」前大納言・別當・(95ウ)帥中納言等每度候御前、(各依召參入也、)八條前宰相同候、子時許各退散、
自勾當內侍、來十日めてたき御盃、可令參入之旨、以觸折紙告之、
六日、庚午、晴、申斜急雨、卽霽、

通兄の男子誕生

今朝女房安產、生男子、

午斜參院、付女房畏申昨日之儀、次參內、申時許退出、晩頭參町口、

七夕參賀

七日、乙未、晴、
巳斜參攝政（一條道香）、次參院・大宮御方（皇太后二條舍子）、次參內、參賀之人〻御對面之儀無之、
未半時許予退出、
入夜參町口、

（96オ）

所労不參

八日、丙申、晴、
依所労不出頭、

幕府進獻の綿白銀を諸臣に頒賜

今日賜物於諸臣、先月自關東進獻之綿・白銀等也、予不參之間、從葉室大納言傳賜之也、
九日、丁酉、陰、自未時許雨時〻降、雷遠響、
午時許參內、未時許退出、
未半時許參院、

柳原光綱廣橋兼胤去る二月賜はれる宸翰を表裝し叡覽に入る

（96ウ）

別當・帥中納言等去二月廿六日所賜宸翰御懷紙、御短册、加裝飾、今日被入叡覽也、烏丸前大納言去春所賜宸翰加裝飾、今日同被入叡覽、烏丸前大納言・別當・帥中納言等懸御懷紙於御書院、別當懸御短册於止〻齋、帥中納言懸御短册於壽山、申半時許出御于御書院、次渡御于止〻齋、次移御于壽山、此後還御于御書院、供御菓子・御酒、各所獻也、又別當・帥卿進

御盃臺、別當、紅葉菊打枝、帥松橘打枝、及子剋許退散、

皇太后より幕府進上の綿銀を賜はる

自大宮賜物、自關東進上之綿・白銀也、今日於院中、以女房大進、賜之、

十日、戊戌、晴、

巳時許參町口、次參大宮、昨日賜物之事、畏申也、次向源中納言(中院通枝)許、暫對談、

未半剋許參內、

御目出度事上皇皇太后内裏に幸啓参仕の公卿殿上人

今日めてたき御盃まいる也、申斜院御幸、相續太后行啓、戌時許太后還御、戌半時許院還幸、此後於御三間有御祝、葉室大納言・帥中納言・宰相中將・師言(山科)朝臣・宗城(難波)朝臣・說道(萬里小路)・源澄仲(慈光寺)・丹波賴亮(小森)・大江俊章(北小路)等參之、亥半剋許事終退出、

(97オ)

十一日、己亥、晴、

午時許詣前內府(花山院常雅)許對話、次參內、未時許退出、

十二日、庚子、晴、

巳半時許參內、未時許退出、

今日以女房大御乳人、賜物、

申時許向葉室大納言許、依逢武家使也、入夜歸、

清閑寺秀定任權大納言八條隆英任權中納言

秀定(清閑寺)卿任權大納言、隆英(八條)卿任權中納言、隆英卿依御內意申之云々、

(97ウ)

十三日、辛丑、陰、
午時許參內、未斜退出、參町口、
源中納言入來、暫對話、
十四日、壬寅、晴、晚來陰、雨灑、

消息宣下

自藏人右少辨益房(清閑寺)許、送御教書曰、(98オ)
口宣二枚獻上之、早可令下知給之」狀如件、
七月一日　右少辨益房奉
進上　源(久我通兄)大納言殿

稲生正甫敍從五位下

延享四年七月一日宣旨
藤原(稲生)正甫宜敍從五位下、
藏人右少辨兼右衞門權佐藤原益房奉

任安房守

延享四年七月一日宣旨
從五位下藤原正甫宜任安房守、

藏人｜｜｜｜奉

大内記に下知す

（98ウ）

即下知于大内記家長(高辻)朝臣・大外記師充(押小路)曰、

口宣一紙

藤原正甫宣叙従五位下事、

右職事仰詞内々奉入之、早可令下知給之状如件、

七月一日　權大納言通｜〔兄〕

大内記局

大外記に下知す

（99オ）

口宣一紙

従五位下藤原正甫宣任安房守事、

右職事仰詞内々奉入之、早可被下知之状如件、

七月一日　權大納言判

大外記局

中元参賀

十五日、癸卯、晴陰、申時許驟雨、

午時許具中將(久我俊通)参町口、次参院・大宮御方、次予参内、中將向所々之後参内、即退出、

今日參賀之輩不及御對面、依月食也、

(99ウ)

余申剋許退出、詣攝政（近衛内前）・右相府等許、

月蝕

是夜月食、復本之後有御祝云々、其儀如例云々、

十六日、甲辰、晴、

伯三位（雅富王）被來、小時對話、

午時許參內、未時許退出、

十七日、乙巳、晴陰、巳斜驟雨、

左少將榮通（久世）朝臣入來、對話、

午時許參內、未時許退出、

入夜前源宰相（岩倉恒具）被來、雜談移剋、有盃酌、

十八日、丙午、晴、

神宮以下遙拜

朝間拜伊世〔勢〕・內侍所・石清水・同末社・梅宮・吉田・祇園・御靈・下御靈、

(100オ)

三條大納言（實顯）被來對談、

午斜參內、未時許退出、

御靈社神輿迎

御靈神輿迎也、令渡今出川大路給之時、奉拜如例、

院より仰下さるる旨あり

十九日、丁未、晴、
午時許參內、未剋許依召參院、以八條中納言(隆英)有被仰下旨、還參內、申入攝政、又參院、暫之後退出、向源中納言許、小時對話之後歸家、
秉燭之後、向前源宰相許、東久世三位(通積)來會、有盃酌、及深更歸、」(100ウ)
廿日、戊申、晴、
源中納言被來對話、
午時許參內、日沒之程退出、
入夜參町口、

所司代邸に赴く

雅富王男元服習禮

廿一日、己酉、晴、晩來陰、疎雨、南方雷兩三聲、
辰斜葉室大納言被來、同伴向牧野備後守(貞通)許、歸路之次、予向八條中納言許面談、次向伯三位許相逢、明日子息(白川資顯)加元服、今日習礼云々、小時歸、
午斜參內、未時許退出、
申時許參院、帥中納言(廣橋兼胤)同被參、各依召也、召」(101オ)御前御書院、被仰下云、近日尊号・御隨身・御封以下之御辭書可被進、此旨兩人可存知云々、依爲院司、內々所被仰下也、此後予退出、
廿二日、庚戌、天陰、不雨、入夜晴、

雅富王男白川資顯元服

男俊通に陪膳の儀を習はしむ

春日社若宮正遷宮日時定

八條隆英拜賀著陣

所勞不參

洛北八幡北野社遙拜

上皇より尊號御辭書の事御沙汰あり

伯三位男從五位下資顯(白川)加元服、着座按察使(綾小路俊宗)・園宰相中將(基望)、理髮有補朝臣(千種)、理髮畢向內相府(三條宗基)第、相府被加冠、任侍從、敍從五位上、聽昇殿云々、

巳斜向伯三位許、賀子息元服、次參內、未剋許參院、退出之次、又向伯三位許、日沒之程歸家、

是夕源中納言・前源中納言・東久世三位等被來、中將陪膳之儀習之、御卽位之後、供御

(101ウ)

膳時、可勤此役哉之」間、兼爲令覺悟也、及三更各被歸、

廿三日、辛亥、陰晴、

今日春日社若宮社正遷宮日時定也、自昨夜公家御神事、上卿右大將(大炊御門經秀)、弁說道(萬里小路)、奉行職事資興(日野西)、

今日新中納言隆英(八條)、拜賀着陣云々、

予依所勞不參、

廿四日、壬子、天陰、雨時々降、

午時許參兵部卿宮(貞建親王)・同北方(秋子內親王)、次參內、申時許退出、

廿五日、癸丑、晴陰、

朝間拜洛北八幡・北野、

(102オ)

午時許參內、未時許退出、參院、帥中納言被參、入夜下官・帥中納言等召御前、尊号」御

辞書之事有御沙汰、右相府被候、相府雖非院司、院中之事所被仰合也、亥時過程下官・帥卿退出、

近衛内前と仰合さる

廿六日、甲寅、晴、
午時許詣前内府許對話、次參內、未半時許參院、帥中納言被參、尊号御辞書之事有御沙汰、頭辨俊逸朝臣一事之申沙汰、示云、下官・帥卿等、被進御辞書之日、可令參之由、且下官可裹御辞書、帥卿可勤仕使、此旨內〻可存知之由被仰下云〻、此後下官・帥卿召御前、右大臣被候、御辞書之事有御沙汰、兩人戌剋過程退出、

上皇より通兄は御辭書を裹む事を廣橋兼胤は使勤仕を命ぜらる

(102ウ)

新大納言秀定、拜賀着陣、

清閑寺秀定拜賀著陣

廿七日、乙卯、晴陰、入夜小雨灑、
午時許參町口、次參內、小時退出、
黄昏之程前源中納言・東久世三位被來、中將陪膳之儀習礼、及三更被歸、

俊通陪膳の儀習禮

廿八日、丙辰、晴陰、小雨時〻灑、
午時許參內、
今日下官・葉室大納言賜東行之暇、新中納言隆英、申自院賜暇之由參入、於御學問所、下官・葉室大納言奉拜龍顔、賜天盃、次新中納言拜龍顔、賜天盃、次前源宰相拜天顔、此

通兄等に東行の暇を賜ふ

(103オ)

尊號御辭書の次第は近衞内前作進

中院通枝に冠組懸を賜ふ岩倉恒具に韈を著するを聽す

太上天皇尊號御封御隨身の御辭書を進めらる

草は大内記高辻家長作進

宸翰を染め淸書し給ふ

後予・葉室大納言等召常御殿傍賜物畢、未半剋許退出、葉室大納言同伴參大宮、女房大進、出逢賜物、次納言同伴參院、於御書院御對面、賜御盃、此後以女房近江、賜物、又更召御書院、新中納言同被候、各賜扇蝙蝠、・御掛緒等、今日之儀毎事所畏存也、前源宰相參入、於御書院有御對面、又新中納言・前源宰相同伴被參大宮云〻、

及晩帥中納言參入、頭辨俊逸朝臣示予・帥卿等云、尊号御辞書之事可爲明日巳半剋、可(103ウ)令」參入之由者、答承了由、又授明日之次第一紙、披見了返却之、次第右府被注進、頭弁寫之云〻、此後各明日之儀示合了、予戌終退出、

今日源中納言賜冠組懸、前源宰相着韈之事被免、各依東行也、

廿九日、丁巳、晴陰、晩頭驟雨、雷二三聲、

此日被進太上天皇尊號・御封・御隨身等御辭書也、仍巳斜着束帯蒔繪劍、紺地平緒、參院、前駈仲章(春日)・中原章典(辻)・衞府長源岑員(土山)、昇自便所、帥中納言參入、御厩別當三條中納言(正親町三條公積)依所勞不被催、午時許出御于」弘御(104オ)所、下官・帥中納言出自便所、着殿上、下官端、帥奥、判官代時名(西洞院)持參御辞書草、納筥也、兼大内記家長朝臣(高辻)作進之、下官披見了、氣色于帥卿、置筥於臺盤縁、帥卿取筥參御前奏之、御覽了、帥卿取空筥草留御前、歸着、返給空筥於時名、此間染宸翰給御淸書了、今度無可淸書仁體之間、令染宸翰給歟、以四位別當俊逸朝臣召帥中納言、〻〻參御前給淸書、副筥、歸出授下官復座、下官取之副筥、起座居中門廊、藏人

通兄御辭書を筥に納め檀紙を以て裹む
船裹

大江俊民(北小路)持參筥加花足、・檀紙置柳筥、等、下官納御書加懸紙・表巻紙等下給、於筥、以檀紙裹之結中、船裹

(104ウ)
也、裹之事兼以新中納言、内々取御氣色、」加花足氣色于帥中納言、々々來取之降自廊出中門、判官代源澄仲・主典代等相從、次下

御使廣橋兼胤御隨身を本府に歸らしむ

官復座、先是大江俊民來撤柳筥、次依召御隨身等參中門下、四位別當俊逸朝臣出逢、仰可歸本府之由、

次廳官取祿賜之畢、御隨身等退出、次下官起座、此後謁新中納言、從便所退出、于時未

斜、帥中納言持參御書於内、頭中將実連朝臣出逢、取之奏聞云々、

所司代邸に赴く

申斜葉室大納言被來、同伴向牧野備後守(貞通)許、黄昏歸家、」

(105オ)
卅日、戊午、晴陰、晩來驟雨、

午時許參町口、次參内、申時許退出、

俊通陪膳習禮

申半時許東久世三位(通積)被來、中將陪膳之儀習礼了、入夜被歸、

上皇より賜物

自院以女房奉書賜曝布二疋、卽進請文、

八月小

一日、己未、晴、

八朔參賀

巳斜參町口(久我惟通邸)、次參太后(皇太后二條舍子)御方、次院、以上賀申八朔、於院中者、附女房畏申昨日賜物之事、次

将軍八朔を賀し太刀馬を獻上
馬御覽の後禁裏附武家に賜ふ

御使として關東に發向す

東行の間の重事

參內、
(105ウ)
參賀之人〻於御學問所奉拜天顏(桃園)、
未斜退出、參攝政(一條道香)・右相府(近衛内前)・兵部卿宮(貞建親王)・同北方(秋子內親王)、
申剋以後、植松三位(賞雅)・六條少將(有榮)・右馬頭等入來、各相逢、
二日、庚申、陰、時〻雨降、
巳時許參內、
賀八朔、自將軍家(德川家重)被獻金伏輪御太刀・御馬鹿毛、一匹、昨日依將軍家衰日、今日所被獻也、是例也、使堀長門守直寛、於臺盤所
御馬御覽、一如例、此後賜御馬於田中出羽守勝芳(禁裏附武家)、
申時許退出、小時參太后御方、次參院、秉燭之後退出、
(106オ)
入夜東久世三位(通積)被來、暫時面談、
三日、辛酉、
今日爲御使發向于關東、
○八行分アキ。
(106ウ)
東行之間之事、

持明院家胤薨去
御卽位幷に由奉幣日時定
御卽位九月二十一日に治定
石清水放生會
御卽位由奉幣發遣
御卽位褰帳女王敍位
神祇伯雅富王女
小倉貢季元服

八月
六日、前參議家胤(持明院)卿薨、自當春中風、
十二日、兼濟(花山院)朝臣敍從四位上、
十四日、御卽位幷由奉幣日時定、上卿右大臣、辨說道(萬里小路)、奉行職事益房(清閑寺)、由奉幣發遣今月
廿二日、御卽位來月廿一日云々、
十五日、石清水放生會、宣命奏上卿中山大納言(榮親)、參向上卿清閑寺大納言(秀定)、參議左宰相中
將(園基望)、辨資興(日野西)、外記中原秀昌(山口)、史安陪盛孝(山口)、官掌紀氏富(小野)、召使宗岡行周(三宅)、左近衞府基名(石山)
朝臣、少將、右近衞府公城(德大寺)朝臣、中將、」(107オ)左衞門府豐益(速水)尉、右衞門府氏梁(岡本)尉、左兵衞府季通(東儀)、
尉、右兵衞府兼敦(東儀)、尉、左馬寮源友寛(大嶋)、允、右馬寮政武(立野)、允、內藏寮・木工寮・樂人等也、奉
行職事俊逸(坊城)朝臣、
廿二日、御卽位由奉幣發遣、上卿內大臣(二條宗基)、辨益房、奉行職事俊逸朝臣、
使賀通王、川越、神祇大副大中臣和忠(藤波)卿、齋部親興、眞繼、
廿五日、佐子女王十歲、雅富(白川)王女、御卽位褰帳、敍從五位下、
廿九日、宜季(小倉)朝臣男貢季元服、任侍從、敍從五位上、聽昇殿、
九月
」

春日社若宮正遷宮

(107ウ)

五日、春日社〔若宮脱カ〕正遷宮、辨〔日野西〕資興参向、

○九行分アキ。

（原表紙）

三十七

延享四年　自九月至十二月

（縦二七・九糎、横二〇・二糎）

（1オ）

九月大

十日、丁酉、晴、

関東より帰洛
内裏院中等に参る

今朝自關東歸洛、

午時許參攝政（一條道香）、次參內、未斜退出、參太后（皇太后二條舍子）御方、次參院、黃昏之程退出、參町口（久我惟通邸）、

十一日、戊戌、陰、午後雨降、

午時許參攝政、次參內、申時許退出、參院、暫退出、

例幣發遣

例幣發遣、上卿中山大納言（榮親）、辨資興（日野西）、奉行職事實連朝臣（正親町）、

十二日、己亥、陰雨、

所司代邸に赴く

午時許葉室大納言（賴胤）被來、同伴向牧野備後守（貞通）許、

未時許向葉室大納言許、次參內、秉燭之後退出、

入夜向右相府（近衛內前）堀川第、入道中納言通名卿（久我）息女号芳林院、被住居此第、內々示談之事依有之、所」（1ウ）向也、惣持院周圓尼被來會、須臾之後歸、

十三日、庚子、陰、

花山院兼濟元服

前內相府（花山院常雅）息侍從兼濟朝臣今日被加元服、加冠右大將（大炊御門經秀）、理髮定之朝臣（野宮）、會合中山大納言・新侍從三位（飛鳥井雅重）云々、聽禁色・昇殿云々、

巳斜向新中納言（八條隆英）許、暫對話、次詣前內府許、賀息男元服也、次參內、未時許退出、

十四日、辛巳、陰、

所勞不參
流行病に侵さる

依所勞不參、此間有流行之疾、惡寒發熱」（2オ）如風邪、予自昨日被侵此病也、

十五日、壬寅、陰、

所勞不參

依所勞不參、

十六日、癸卯、陰、

所労不參
上皇内裏に御幸
即位禮參仕の輩儀所内見
男俊通所労不參
堤榮長元服
關東使上洛につき旅宿を訪問
父惟通内裏仙洞に水仙花を獻ず

依所勞不參、
今日仙院(櫻町)御幸于内云々、
十七日、甲辰、晴、
巳斜參内、
今日御即位參仕之輩内見云々、俊通(久我)朝臣自頭中將(正親町實連)雖催、依所勞不參也、
申斜退出、參院、小時退出、
代(堤)長朝臣男榮長元服、任勘解由次官、叙從五位上、聽昇殿云々、
(2ウ)
十八日、乙巳、晴、
巳時許向葉室大納言許、同伴向藤堂和泉守(高豐)・織田能登守(信倉)依御即位、自大樹(徳川家重)之使、・由良播磨守(貞調)前大樹(徳川吉宗)使、・畠山飛驒守(國賓)大納言(徳川家治)使、等旅宿、各去十五日上京、各相逢、但畠山依所勞不面会、未時許歸、此次參町口、
未斜參内、秉燭之後退出、
十九日、丙午、晴陰、
午時許參内、秉燭之程退出、參院、次向八條中納言(隆英)許、次參町口、
今日大臣殿(久我惟通)被獻水仙花於内・院、下官隨身獻之、
廿日、丁未、陰、時々小雨降、

（3オ）

禮服御覽
參仕の公卿

午時許參內、今日礼服御覽也、去十四日可有此儀之処、依攝政(一條兼香)所勞延引于昨日、攝政未被快然之間亦延引、今日所被」行也、於攝政直盧以小御所爲其所、有其儀、參公卿淸閑寺大納言(秀定)・冷泉中納言(下冷泉宗家)・皇太后宮權大夫(庭田重熙)・左大辨宰相(葉室賴要)、奉行職事資興(日野西)、

例幣使歸京
是日後光明院聖忌により明日歸京の例なりしが年代を歴るの間今年より今日歸京せしむ

例幣使〻今日自勢州歸京、是日依後光明院聖忌、近世明日歸京之処、歴時代之間、自今年今日可令歸京之由被仰下云〻、

秉燭之後、予退出、此後東久世三位(通積)被來、俊通勤陪膳之儀有習礼、

（3ウ）

卽位禮
男俊通參仕のため參內

廿一日、戊申、陰晴、

內辨近衛內前
外辨公卿

是日御卽位也、卯半時許參內、先是俊通朝臣着裝束色目註奥、參內、隨身四人、布衣雜色」二人、仲章(春日)從後、

內辨右大臣、橡礼服、私物云〻、外辨葉室大納言紫礼服、・中山大納言(榮親)紫礼服、・甘露寺中納言(規長)宣命使麴塵礼服、・

左右擬侍從

左兵衛督(持明院家胤)紫、・左宰相中將基望(園)麴塵、・新左宰相中將、實文(橋本)麴塵、已上公物云〻、擬侍從左宰相中將公文(姉小路)麴塵、・大膳

（4オ）

大夫代長朝臣、淺紫、少納言行忠朝臣(石井)、淺紫、右右衛門督(鷲尾隆熙)麴塵、・刑部大輔總直朝臣(富小路)、淺紫、少納

左右次將

言時名(西洞院)、淺紫、各公物云〻、次將左俊通朝臣・公繩朝臣(阿野)夏袍、着下重、・公麗朝臣(滋野井)、同上、右公城朝臣(德大寺)

典儀
贊者

冬袍、不着下重、・實胤朝臣(四辻)夏袍、着下重、・隆敍朝臣(四條)、夏袍、典儀少納言家長朝臣(高辻)、緋礼服、贊者縫殿少允

燒香
生火

橘重美(深井)・主殿少允藤井信當(諏訪)、」燒香藤原定祥(梅井)・藤原俊榮(平岡)、生火佐伯常俊(岩室)・佐伯常純、內記

局家長朝臣(高辻)・友俊(山口)、中務省少輔國榮(岡崎)・少丞重美(世續)、內舍人正芳(神原)・和氣員倫(辻)・和氣景從(伊庭)・和(神

左右近衛大將次將代

御服奉仕

左右褰帳

儀式次第近衛内前作進

幼主且つ御不例の間出入御の儀頗る省略せらる

俊通の所作

俊通の装束

挂甲は木を以て作る

夏と雖も冬袍を著る

（４ウ）

原)氣董正・和氣武信(小畠)・和氣正茂、兵部省大丞直行(青)、隼人司正俊芳(北小路)朝臣、開門重威(小野)・職秀(小野)、
左近府大將代圖書頭尙秀(錦小路)朝臣、武礼冠、享保度時行(平松)・光任(外山)等朝臣所着之冠同形也、錦裲襠、淺紫夏袍、纔着、着下重、取鉾、中將代將監好葛(奥)、少將代將監茂(水口)
清、各卷纓、緌、闕腋、帯弓箭、右近府大將代刑部權大輔光香(北小路)朝臣、裝束同尙秀朝臣、中將代將監忠豐(多)、少將代美(山
中)秀、裝束同左、左衞門府大尉弘篤(大石)、右衞門府大尉隆弘(大石)宿祢、時申陰陽師泰邦(土御門)朝臣、御手水供
進右大將(大炊御門經秀)、御服奉仕高倉前大納言(永房)・左大」辨宰相、行事辨資興(萬里小路)・説道、奉行職事実連朝臣、
傳奏帥中納言、褰帳左佐子女王(神祇伯雅富王女)、右典侍定子(姉小路)、
巳半剋許儀始、式次第等、右大臣作進之、未斜事終、
幼主且聊不例御之間、出御・入御之儀頗被省略歟、
近衞次將入自日月華門、陣南階東西、俊通朝臣引陣之後、不居胡床、褰帳宸儀初見之
時、伏弓称警之後居胡床、宣命使就版宣制之間立、復列之後居、垂帳之時、立伏弓称
蹕畢居、此旨」兼所令教訓也、今日之儀不見及、

（５オ）

今日俊通朝臣裝束、前源中納言入來被整之、
挂甲以木作之、押金薄、以紫・萌木・黄等絲爲組、緣文鴛、蠻繪接腰紫綾、肩宛紅平絹、以上私物、今度新調也、形摸公物作之、公物者金銅、緣文鶴也、
闕腋冬袍、纔着、不着半臂・下重、飾抄引仁安土御門内府殿御記曰(源通親)、不着半臂・下重、雖夏着冬袍云〻、又治承山槐記曰、古昔雖夏着冬袍、冬時不着半臂幷下襲也、
單濃、浮線綾表袴裏濃、濃大口

關東使參入即位禮を見物 通兄誘引す

俊通陪膳勤仕のため參內 近代受禪即位より三箇日嚴重御膳を供す

俊通の所作

一御臺盤の上に馬頭盤を居う

一御臺盤を立つ

紫檀地螺鈿劍文菱、　紺地平緒繡櫻、飾抄引仁安土御門內府殿御記曰、大納(源顯通カ)言殿敎命曰、着甲之日、必用紺地平緒云〻、
冠　卷纓　緌
弓　平胡籙蒔繪、文孔雀、私物也、　具靴
申半時許予退出、參院・太后御方、賀申今日之儀也、(5ウ)」
關東使等參入、御卽位之儀見物、是先例也、予誘引之、
廿二日、己酉、晴、
巳時許俊通朝臣着束帶蒔繪劍、紫段〔綵〕平緒、取笏、路間如此、昇殿之時者、撤劍笏也、參內、布衣雜色四人在共、仲章從後、　爲勤陪膳也、近代御受禪・御卽位之時、三ケ日嚴重供御膳也、昨日陪膳頭中將、今日頭弁(坊城俊逸)、明日俊通朝臣可勤之由、兼被仰下之処、頭弁所勞之間、今日俊通朝臣可勤仕之旨、昨日所被仰下也、明日陪膳公城(德大寺)朝臣云〻、
午時許參內、(6オ)」
未時許供御膳、先俊通朝臣出自便所、入上戸着殿上、奧長臺盤上程、自後着也、　次藏人左少辨說道(萬里小路)着座、端、　次藏人卜部(藤井)兼矩跪上戸邊、告御膳召之由於俊通、俊通逃足應之、　次俊通目主殿司、〻〻〻來座後、俊通仰手水可持來之由、主殿司持來手水具椋盥・布切・夾木、於座後方、俊通洗手了、撤手水具、次俊通氣色于說道起座說道同起座、至鬼間、兼設御臺盤二脚於此所、一御臺盤上居馬頭盤、　与說道舁一御臺盤、俊通前行、自南庇東折之時、此所有許由圖杉戸、今日撤此杉戸、仍越杉戸所之長押之時也、　俊通称於志、經東孫庇入南一間幷身屋南二間、(6ウ)」立御臺盤於大床子御座前御帳南方立大床子爲御座、其前橫立御臺盤、　畢、說道退」俊通居御臺盤前、向坤方、裾ヲ縿寄置也、　次

二御臺盤を立つ

俊通第一第二御臺盤に各種のものを据うその据ゑ様

悉く供し畢りて退く

内侍扇を鳴らす

不出御の合圖

俊通御箸を御飯に立て末を折る

撤下

（7オ）

說道・卜部兼矩等舁二御臺盤立一御臺盤南方竪立之、畢、退候孫庇、次卜部兼矩持參一御盤、四種、自臺盤所階供進之、說道於孫庇取之持參于俊通傍、俊通取御盤置傍、南方、此間說道聊退候、後又如此、俊通四種居一御臺盤畢、返空盤於說道、〻〻取之退候、次卜部兼矩持參二御盤、御飯、此時便返空盤於兼矩、說道傳取持參、如初、俊通取御飯器蓋置盤、仰置之、取御飯器擎子殘御盤、居一御臺盤西緣、畢、置蓋於擎子上、仰置之、返御盤於說道、如初、次三御盤、窪器一口・平盛五坏等也、持參之儀每度如初、俊通居二御臺盤、返御盤之儀每度如初、次四御盤、窪器一口・平盛一坏・御酒盞・汁物二坏等也、」俊通居二御臺盤、窪器・平盛先度不足之所居之、御酒盞有蓋、居東緣、擎子殘御盤、御汁物居北緣、次五御盤、御湯器無蓋、・御最花器、俊通居一御臺盤緣、御湯器居北緣、擎子殘御盤、御最花器居西緣、御飯南方、次六御盤、高盛七坏・平盛一坏、俊通居一御臺盤、次七御盤、熱汁二坏・燒物二坏、俊通居一御臺盤緣、熱汁居西緣、燒物居南緣、悉供畢、俊通退身屋柱邊〻テ膝行、着孫庇圓座、安座、緣寄

（7ウ）

裾、說道・卜部兼矩等列居于其南、次俊通氣色于兼矩、〻〻就臺盤所妻戶奏供畢由復本所、內侍鳴扇、於御帳後方鳴之、是告不出御之由也、俊通起座參進、自母屋柱邊膝行、退時又如此、居一御臺盤前、如初、以木御箸取佐波入佐波器、返置御箸、取今一双之木御箸立御飯、折其末、一寸許、此間說道進候孫庇、俊通氣色于說道、〻〻應之、俊通召寄說道、欲仰撤令氣色之処、」說道乍居應之不來、此間卜部兼矩持參空盤云〻、卜部兼矩持參空盤、說道取之持參于俊通傍、俊通取之置傍、御飯之外、取銀器物置盤一御臺盤四種御湯器、二御臺盤御汁物之外、皆取之置盤也、授說道、〻〻取之授卜部兼矩、〻〻取之退、次兼矩持參蓋盤、仰蓋置之、說道取之持參、如初、俊通取御最華器居盤、次取御飯器乍立御箸、居蓋上、授盤於說道如初、次兼矩持參空盤、說道取

俊通殿上に著座
（8オ）
御飯高盛を食す
天皇の御不豫輕減
久世通夏所惱危急
（8ウ）
中院通躬危篤の時歌道相傳の筥の鎰を勅により通夏預かる
通夏實父中院通茂より傳授の箱は沒後中院家に返すべきや否や

之持參、俊通取御汁物・燒物等居盤、一御臺盤熱汁二坏・燒物二坏・空器一口、二御臺盤冷汁二坏等也、一御臺盤之高盛・平盛等八坏殘之、授說道、如初、次說道復孫庇、次兼矩持參下盤、自俊通東方延手持之候、俊通取高盛・平盛等居盤、兼矩取之退、次俊通復孫庇圓座、安座、縿寄裾、兼矩」復本所、次俊通以下自下﨟退、俊通出殿上經本路、着座、初所、說道同着座、兼矩着横切座、御飯移入朱合子、置長臺盤上、高盛・平盛等八坏乍居下盤、置同臺盤上、土器一口加箸在臺盤緣、俊通氣色于說道、居寄以箸取分御飯、入土器如形食之、又取高盛一坏置臺盤緣食之其由許、了、押下飯器・下盤等起座、此後說道・兼矩等食之歟、

上御不豫頗令減給云々、

晡時予退出、

廿三日、庚戌、晴、

久世前大納言（通夏）所惱危急云々、老羸之上、被感流行之」風邪云々、早旦有其告、仍卽向彼第問其容體之処、甚憑少云々、去元文四年冬、歡喜光院前右府（中院通躬）所勞危急之時、彼家歌道相傳之筥之鎰、依勅久世前大納言被預了、於前亞相有事者、此鎰如何、此旨予可示談于烏丸前大納言（光榮）之由、源中納言被示、元文四年冬之子細、予モ蒙仰事也、又前亞相傳授之箱（中院通茂）自実父前內府被傳也、彼卿沒後可返于中院家之由被約云々、前亞相有事トモ、父子之間、急速不及其儀、一闋之後、可有其沙汰之旨、源中納言

烏丸光榮に談ずべきの由中院通枝示す

光榮の返事

所被存也、此趣モ予可語于烏丸前大納言云々、此後歸家、小時向烏丸前大納言許、息右(光胤)大辨被出逢、父卿持病痰喘相發云々、中院家」(9オ)相傳筥鎰之事、久世家傳授箱之事等示之、予此道之事雖非可存知、元文四年冬之一件、予モ蒙仰趣有之、且源中納言無看病之暇之間、予所示談也、仍此序久世家筥之事モ令物語之由告之、右大辨被告父卿、其答云、鎰之事・筥之事等、所勞快復之後、可窺院(櫻町)御氣色、然而早速不可有左右仰、所詮彼家一揆之間、難被觸手物也、至來年服後之沙汰可然、箱に封をも可加哉、是亦可在院御氣色云々、予直向久世前大納言許告此趣於源中納言、々々云、傳授筥自他人加封事、久世前大納言不被好、仍常自能加封置之由」(9ウ)所被語也、此趣今一度烏丸前大納言ニ示置度者也、其上有時宜可被加封者、不及左右云々、榮(久世)通朝臣同此意、予云、此事前亞相不被好趣者、予ニも被語候シ、予再向烏丸家可語此旨者、源中納言・榮通朝臣諾、晩頭予向烏丸家逢右大辨告云、久世家傳授筥從他人加封之事、前大納言不被好、仍常自能封を加置之由、被語源中納言・榮通朝臣等云々、此事我も所知也、依之老卿之意趣、一應可語申之旨、源中納言・榮通朝臣所望之間、令告申也、此上者、可在院御氣色之由、宜被申于父卿者、右大辨諾、」(10オ)

此後予歸了、

午時許參內、

即位後の御禮
御不例により御對面なし

今日攝家中・武家傳奏・議奏・近習之衆・院傳奏等御卽位後之御礼也、依不例御、無御對面、以女房大御乳人、賜物、
上御不例今日又令減給云々、
黄昏之程、予退出、

久世通夏薨去
一門の宿老

久世前大納言未半剋許薨云々、一門之宿老也、可惜可悲矣、
廿四日、辛亥、晴、
今日一品宮（直仁親王）・中務卿宮（職仁親王）・近習小番御免之輩・内院内々之輩・院參外樣公卿・殿上人等之」御礼也、無御對面云々、
午時許參內、申時許退出、參院、小時退出、

（10ウ）

廿五日、壬子、晴陰、

所勞不參

依所勞不參、
廿六日、癸丑、晴、
式部卿宮（家仁親王）・兵部卿宮（貞建親王）・帥宮（典仁親王）・常陸宮（晋仁親王）・上野宮（邦忠親王）・上總宮（公仁親王）・前右大臣（醍醐冬熙）・大臣殿（久我惟通）・前內大臣（花山院常雅）等御礼、無御對面云々、
午時許參內、黄昏退出、

天皇快癒せしめ給ふ

上御不豫令快癒給、

廿七日、甲寅、晴、

前左大臣(西園寺致季)・外様公卿殿上人御礼、無御對面、

午時許參內、申時許退出、參院、小時退出、

(11オ)

廿八日、乙卯、晴、內々門跡・大覺寺御礼、各依所労不參云々、

午時許參內、秉燭之後退出、

廿九日、丙辰、晴、

辰時許參內、

將軍前將軍世子の御卽位賀使參內

自關東被賀申御卽位使等參上、將軍(徳川家重)使藤堂和泉守高豐朝臣・織田能登守信倉朝臣、前將(徳川吉宗)軍使由良播磨守貞調、大納言(徳川家治)使畠山飛驒守國資等也、牧野備後守貞通朝臣同參上、

(11ウ)

各獻物

自大樹御太刀正廣、一腰・御馬一疋代白銀五千兩、・綿五百把、

自前大樹御太刀守吉、一腰・御馬一疋代白銀三千兩、・綿二百把、

自亞相御太刀末守、一腰・御馬一疋代白銀三千兩、・綿二百把、

等獻上、

御對面なし

予・葉室大納言(頼胤)出逢、各申被賀御卽位趣、卽附議奏衆言上之、須臾今日不可有御對面、

天盃を賜はり
南殿清涼殿等歷覽
紀伊尾張水戸三家田安一橋兩家獻物使參上
關東使參院御對面
獻物
皇太后宮に參る
獻物
關東使久我家に來邸

(12オ)
(12ウ)

勅答之節可有御對面之旨被仰下、先日聊不例御之処、令復平常給、然而風邪流行之時節、有御再感之恐、且攝政不參、無被扶持申之人、旁不可出御之由、自院被仰進也、仍告此趣於使之輩、次於清涼殿中段各賜天盃、說道役之、次南殿・清涼殿之邊歷覽、於鳳輦者、退出之時可見云々、予誘引也、此間紀」伊・尾張・水戸等之三家獻物使紀伊使三浦長門守、尾張使竹腰山城守、水戸使太田下野守、參上于櫻畫間、称諸大夫間、葉室大納言被出逢、歸出被告叡感之狀、此後予參院、將軍家使等幷貞通朝臣參院畢、德川右(田安宗武)衞門督・德川刑部卿(一橋宗尹)等使町奉行三井下總守勤之、參于櫻畫間、葉室大納言被出逢、如三家、於院中關東使等附八條中納言申被賀御卽位之趣、次於弘御所御對面、先使之儀、八條中納言每度申次也、次私之御礼、實称朝臣(三條西)申次、次賜御盃、陪膳權中納言(正親町三條公積)、役供資興(日野西)・兼時、

自將軍家御太刀重久、一腰・御馬一疋代白銀三千兩、・綿二百把、自前將軍家御太刀則長、一腰・御馬一疋、代白銀二千兩、」自亞相御太刀國安、一腰・御馬一疋代白銀二千兩、等獻上、

此後予參太后御方、次使等貞通朝臣等參入、上﨟二人出逢、使等申被賀之趣、上﨟歸出告申入之由、

自大樹白銀千兩・綿二百把、自前大樹白銀五百兩・綿百把、自亞相白銀五百兩・綿百把、

此後使等退出、次予退出、于時黃昏、

入夜大樹使織田能登守・前大樹使由良播磨守・亞相使畠山飛驒守等入來、先是田中出羽守(勝芳)來、予

将軍等より進物あり

(13オ)

着直垂出逢、自大樹太刀一腰・馬一疋、代白銀五百兩、自前大樹太刀一腰・」馬一疋、代白銀二百兩、自亞相太刀一腰・馬一疋代白銀二百兩、賜之、答申畏悦之由了、先是使等向攝政第、亦自此第向葉室家云々、

卅日、丁巳、陰晴、

姫宮方・黑御所々々・外樣門跡依所勞各不參、御礼也、

午時許參內、未斜退出、

關東使旅宿に赴く

朝間向織田能登守・由良播磨守・畠山飛驒守・牧野備後守等許、昨日自關東賜物之事謝申之、昨日行向之由也、依及夜陰、今朝所向也、

十月小

卽位により勅使院使を石清水社に遣し神馬御奉納

(13ウ)

一日、戊午、陰晴、

今朝中山大納言(榮親)爲勅使向于石清水、被引神馬云々、御卽位以後之儀也、近代如此、院御使」右中將実称朝臣(三條西)同參向云々、被引神馬云々、依此事、今日僧尼・重輕服之輩不參內云々、

關東使參內

藤堂和泉守(高豐)・織田能登守(信倉)・由良播磨守(貞調)・畠山飛驒守(國賓)・牧野備後守(貞通)同參、各賜酒饌

了退出、
予巳時許參町口《久我惟通邸》、次參內、未斜退出、參院、卽退出、
院中に於て關東使に酒饌を賜ふ
二日、己未、陰晴、
今日於洞中賜酒饌於關東使等云々、
午時許參內、未斜退出、參攝政許《一條道香》、訪申所勞也、
三日、庚申、晴、
巳半時許參攝政許、次參內、申時許退出、參院、小時還參內、卽退出、于時黃昏、
(14オ)
四日、辛酉、陰、
巳時許參內、
諸武家卽位賀使參上
諸武家使參長橋局方、紀伊宰相室《徳川宗將》《重子》・水戶宰相室《宗翰》《郁子》・加賀少將《前田重煕》等使、予・葉室大納言《頼胤》相逢、此外田中出羽守・山木筑前守《勝芳、禁裏附武家》《正信、同》等出逢、每度如此、賀御卽位也、
午斜予退出、
未時許葉室大納言《頼胤》被來、依對面于武家使也、入夜被歸、
五日、壬戌、晴、
關東使參內參院の儀延引
今日關東使等參上、可被仰勅答也、仍予辰斜參內、臨剋限藤堂和泉守所勞之間、不可參
(14ウ)
之旨、從牧野備後守示告、卽言上其趣、且參院申入之、今日東使參內・院之儀延引、他

日可令參」之旨、被仰下了、仍予午斜退出、

六日、癸亥、晴、

午時許參內、申斜退出、參院、入夜退出、向葉室大納言許、須臾歸、

御玄猪

申出內御玄猪如例、院御玄猪不可被出云〻、

七日、甲子、（天候記載なし）

所勞不參

依所勞不參、

今日諸武家使參長橋局方、

尊祐親王薨去

靑蓮院宮（尊祐親王）今日薨云〻、瘧後泄瀉、

八日、乙丑、陰、

巳時許參內、

上皇皇太后內裏に幸啓

午時許仙院（櫻町上皇）御幸于內、乘御御轅、令入自西面四足門給、此後太后（皇太后舍子）行啓、申斜還御、次仙院還幸、」

(15オ)

今日自院賜物於下官・葉室大納言・議奏衆・近臣輩等、御幸之間、於內以院女房近江、賜之、

秉燭之後退出、參院、須臾退出、

九日、丙寅、晴、

巳半時許葉室大納言被來、依對面于武家使也、日沒之程被歸、

十日、丁卯、（天候記載なし）
午時許參內、未時許退出、參院、須臾還參內、入夜退出、
十一日、戊辰、陰、
午時許參內、未時許退出、
十二日、己巳、（天候記載なし）
辰半時許參內、

關東使參內

淸涼殿に於て龍顏を拜す

（15ウ）

關東使藤堂和泉守高豐朝臣・織田能登守信倉朝臣・由良播」磨守貞調・畠山飛驒守國資等參上、牧野備後守貞通朝臣同參、小時御于淸涼殿西面御座、攝政被候傍、使之輩於中段奉拜龍顏（桃園）、予申次、是使之儀也、次使之輩・貞通朝臣等於廂奉拜龍顏（正親町）実連朝臣申次、是私之儀也、畢、入御、攝政於議定所

勅答

對面、此後予・葉室大納言仰勅答之趣於使等、次高豐・信倉等朝臣任少將、貞調・國資等敍從四位下之旨仰之、各申云、歸府之後、奉武命可應叡慮云々、次仰使之輩賜歸府之

歸府の暇を賜ふ

暇、且給物之事、次賜御太刀各一腰於使之輩、繻珍二卷於貞通朝臣、此後予・葉室大納

上皇皇太后御所に參る

（16オ）

言參院、次使之輩・貞」通朝臣等參入、於弘御所御對面、使之儀、八條中納言（隆英）申次、私之儀、行豐朝臣（石井）申次、賜御盃畢、八條中納言仰勅答之趣、次仰賜物之事、各賜物之儀了、予・葉室大納言參太后御方、次使之輩・貞通朝臣等參入、上﨟二人出逢、仰御答之趣、次各賜物、次賜菓子・酒了、各

退散、此後予・葉室大納言等退出、

十三日、庚午、晴、

關東使旅宿に赴く

辰時許向葉室大納言許、同伴向藤堂和泉守・由良播磨守・畠山飛驒守以上、随身女房奉書授之也、・織田能登守等旅宿、次誘引納言歸家、今日依對面于武家使也、日沒之程、納言被歸、

尊祐親王薨奏

廢朝三ヶ日

院中三ヶ日物音停止

(16ウ)
秉燭之後參院、葉室大納言參會、靑蓮院宮去七日薨之事、附八條中納言申入之、自今日三ヶ日可爲廢朝思食、此旨可申攝政之由被仰下、薨奏之事、先日內々得院御氣色之處、關東使賜暇之後可奏□□申入于院云々、院中自今日三ヶ日物音停止云々、卽向攝政許申此趣之處、可附議奏、自今日至明後日三ヶ日可廢朝、此旨も可告議奏之由被命、次參內、附議奏申件之趣了退出、

十四日、辛未、晴、

午時許參攝政、次參內、未斜退出、

十五日、壬申、陰晴、

巳斜八條中納言被來、暫對話、

午斜參內、未斜退出、

神宮以下遙拜

(17オ)
十六日、癸酉、晴陰、

朝間拜伊世〔勢〕・內侍所・石淸水・同末社・梅宮・吉田・祇園・北野・下御靈、

午時許參內、未時許退出、

愛宕通貫の病を訪ふ

黃昏之程、向愛宕三位（通貫）許訪所勞、相逢、順快、大略如平常、小時對話、次向東久世三位（通積）許、雜談移剋、及三更歸、

十七日、甲戌、晴、

午時許參內、日沒之程退出、

十八日、乙亥、陰雨、雷一聲、入夜晴、

午時許參內、未斜退出、

所司代牧野貞通を院中に召し宸翰等を賜ふ

（17ウ）

今日召牧野備後守於洞中賜酒饌、又賜宸翰・」薰物・御絹等云々、

御玄猪

申出內御玄猪如例、

十九日、丙子、晴、

午時許參內、未斜退出、參院、小時退出、

廿日、丁丑、晴、

午時許參攝政、次參內、未斜退出、

廿一日、戊寅、晴陰、

午剋許參內、

正親町三條公積等四人を近臣に加へらる

三條中納言(正親町三條公積)・公城朝臣(德大寺)・資興(日野西)・資顯(白川)等被加近臣、
黄昏之程退出、

(18オ)

廿二日、己卯、陰晴、
巳半時許葉室大納言被」來、依對面于武家使也、午時許被歸、
未時許參內、申時許退出、
東久世三位被來、暫對話、

廿三日、庚辰、晴、
巳半時許參町口、次參內、

關東よりの獻物を諸臣に頒賜

先日自關東進獻物頒賜諸臣、
申斜退出、參院、入夜退出、向攝政許、次參內、小時之後退出、仁和寺依無住、三宝院
菅宮(職仁親王男)移轉相續之事也、

三寶院附弟菅宮を仁和寺に移轉せしめらる

三寶院坊官の申狀

廿四日、辛巳、晴陰、

(18ウ)

葉室大納言被來、予・納言等仰三宝院坊官等云、仁和寺依無住、院家以下相續之事」相願之間、菅宮移轉于仁和寺相續之事被仰下之旨者、坊官等歸去、有暫來云、於三宝院者雖一日無住者難澁之間、三宝院相續之人體被仰下之上、可申領狀云々、

院中に於て關東よりの獻物を諸臣に頒賜

一條兼香末子を三寶院附弟となす

坊官領狀す

（19オ）

菅宮を院御養子となし仁和寺相續の事仰出さる
菅宮は職仁親王の末子

（19ウ）

申時許參院、葉室大納言被參、相共謁攝政、申三宝院申狀、次附八條中納言申入之、今日於院中、先日自關東進獻物頒賜諸臣、此後下官・葉室大納言・別當・帥中納言（廣橋兼胤）・東久世三位（通積）等召醒花亭、太相府（一條兼香）・攝政被侯、各賜菓子・酒、入夜退散、菅宮移轉于仁和寺之後、以太相府末子（安敦君）三宝院室相」續之事可被相願之旨、今夜內々以八条中納言、自院被仰下于太相府・三宝院云々、及深更三宝院坊官等來云、菅宮移轉于仁和寺之事、菅宮被申領狀、於坊官以下同申領狀之旨者、

廿五日、壬午、晴陰、

巳半剋許葉室大納言被來、

召仁和寺院家住侶・坊官・諸大夫院家菩提院僧正榮遍、住侶南勝院權僧正秀瑜、諸大夫常陸介嘉晃（手嶋）等來、坊官等依故障或所勞不來、・予・納言等仰云、三宝院相續之菅宮、爲院（櫻町）御養子、仁和寺相續之事可被仰下之旨、從院被仰進之間、此趣被仰下之旨者、各畏申」菅宮者、中務卿宮（職仁親王）末子也、

申時許葉室大納言同伴參內、謁攝政、菅宮相續之事仰于仁和寺院家以下之処、各畏申之旨申之、次附議奏東久世三位申此趣、次參院、附八條中納言申同旨了、退出、次予向前（六條有起）源中納言許雑談移剋、及盃酌、亥時許歸、

能御覽

所司代を召し即位禮無事遂行につき太刀を賜ふ

上皇皇太后內裏に幸啓

通兄惡寒頭痛により早出

所勞不參

能御覽

幸啓あり

盃臺等を賜はる

廿六日、癸未、陰、入夜雨降、
天曙之程參內、
今明兩日能御覽也、內〻之輩自勾當內侍以觸折紙告召之由、如舞御覽、
牧野備後守貞通朝臣依召參入、予・葉室大納言出逢、今年大礼無滯被遂行、毎事申沙汰」(20オ)
叡感之旨仰之、賜御太刀一腰、
辰時許能始、巳時許院御幸、太后行啓、貞通朝臣於堂上須臾見物之後、參候所、以女房
大御乳人、有賜物云〻、此後於堂下見物云〻、
予自今朝惡寒頭痛之処、相扶雖參、依難堪早出、于時申時許、
廿七日、甲申、陰晴、
依所勞不參、
今日能御覽、賜扇於大夫、是例也、源澄仲(慈光寺)授之云〻、先例武家傳奏授之処、依攝政計、六位藏人授之也、先日內〻申攝政旨有之、攝政被同意也、
院御幸、太后行啓云〻、」(20ウ)
入夜自內賜盃臺・菓子・乾肴・酒樽、從勾當內侍被傳之也、依能御覽也、扶病對面于使、答
申畏之由、翌日令俊通(久我)參內、附勾當內侍畏申之、
廿八日、乙酉、晴、

所勞不參

依所勞不參、

廿九日、丙戌、晴、

所勞不參

依所勞不參、

尾張東照宮別當任官御禮參內

尊壽院權僧正〈尾州東照宮別當、〉參內〈任官之云々、御礼、〉

皇太后より賜物

今日於院中、自太后賜物、〈先日自關東進上之品也、〉自葉室大納言被傳之、翌日令俊通參太后御方、畏申之、

山科一安敍法眼
緋宮の療治に効驗あるによる

(21オ)

法橋一安〈保壽院、山科、〉敍法眼、當秋以來令療治緋宮〈(櫻町院皇女)〉御方」御病之處、有効驗、仍有此賞云々、

入夜葉室大納言被來、移剋被歸、

南殿に於て大殿祭

今日於南殿被行大殿祭、神祇大副〈(藤波和忠)〉奉仕之、

宮中御神事入

自今夜御神事、〈來月十七日神嘗祭、〉

十一月大

一日、丁亥、晴、

所勞不參
忌火御飯を供す

依所勞不參、今日供忌火御飯云々、

愛宕三位（通貫）來、暫時對話、

二日、戊子、雨降、

所労不參

依所労不參、

葉室大納言（頼胤）被來、暫對話、

(21ウ)

三日、乙丑、晴、

參內

午斜參內、

上皇内裏に御幸

巳半時許仙院（櫻町）御幸、黄昏之程還幸、此後予退出、

四日、庚寅、陰、小雨降、

神宮以下遙拜

朝間拜伊勢・內侍所・吉田・祇園、依誕日有供物、

巳斜參町口（久我惟通邸）、

午時許參內、申時許退出、參太后（皇太后二條舍子）御方、畏申此間賜物之事也、

五日、辛卯、陰晴、入夜雨降、

諸社參詣

朝間詣榊・洛北八幡・御靈・北野、

(22オ)

午時許參內、未時許退出、

黄昏之程、葉室大納言被來、暫對話、

六日、壬辰、晴、
巳時許葉室大納言被來、同伴參大聖寺宮(文應女王)、小時歸、
未時許參內、次參院、申時許退出、
七日、癸巳、晴、
烏丸前大納言(光榮)被來、對話、
午時許參內、申時許退出、向烏丸前大納言許、次參町口、
黃昏之程參攝政(一條道香)、依招引也、須臾歸、此後向葉室大納言許、
八日、甲午、晴、
八條中納言(隆英)被來面談、此間平松三位(時行)被來、又對話、└
(22ウ)
午斜參內、申斜退出、參院、秉燭退出、
入夜向烏丸別業、
九日、乙未、陰晴、時〻小雨、
午時許參內、未時許退出、參町口、
十日、丙申、晴、
春日祭
春日祭、上卿葉室大納言、弁資興(日野西)、奉行職事益房(清閑寺)、

午時許參內、未斜參院、小時退出、

上皇御腫物あり

上皇（櫻町）有御腫物、瘤云々、法眼恕軒奉療、御氣色・玉食不異常云々、

十一日、丁酉、晴、

午時許參內、秉燭之後退出、」

參攝政、對面之後歸、

入夜八條中納言被來、面談之後被歸、此後予向葉室大納言許對話、

(23オ)

十二日、戊戌、晴、

午時許參攝政、次參內、晡時參院、小時退出、向葉室大納言許、面談之後歸、

上皇御腫物同樣御云々、

十三日、己亥、晴陰、入夜雨降、

午時許參町口、次參內、未斜退出、

內侍所三箇夜御神樂初夜

自今夜內侍所三ケ夜御神樂也、奉行職事実連朝臣（正親町）、本拍子按察使（綾小路俊宗）、末拍子五辻三位（盛仲）云々、」

(23ウ)

十四日、庚子、晴陰、雨雪、

所司代邸に赴く

巳時許向牧野備後守（貞通）許、

午時許參內、未斜退出、

內侍所御神樂中夜祕曲あり

申時許向冷泉(下冷泉宗家)中納言許對談、次向葉室大納言許對談、入夜歸、
內侍所御神樂中夜也、有祕曲、按察使奉仕之、本末拍子彼卿一人奉仕云々、

內侍所御神樂竟夜

十五日、辛丑、晴、朝間宿雪委地、
午時許參內、未斜參院、有暫退出、
內侍所御神樂竟夜也、

(24オ)

豐明節會參仕の命あり

十六日、壬寅、晴、
午時許參內、
頭中將実連朝臣示云、豐明節會可令參仕給之旨、攝政殿御消息之由者、答承了由、
申斜退出、

神嘗祭行幸の儀なし小忌公卿

十七日、癸卯、晴、
午時許參內、未時許退出、參町口、
今夜神嘗祭、無行幸於神嘉殿代被行儀云々、內侍參向云々、小忌公卿左兵衞督(持明院家胤)・新左宰相中將、(橋本)実文、少納言家長(高辻)朝臣、弁說道(萬里小路)、外記致當(山口)、以上卜合、史春明(村田)、分配、奉行職事実連朝臣、宮主神祇少副兼彥(吉田)、

(24ウ)

解齋御粥を供す

十八日、甲辰、晴、
今朝供解齋御粥云々、

午時許參內、未時許退出、

豐明節會參仕公卿

豐明節會、奉行職事実連朝臣、參仕公卿內大臣(二條宗基)・下官・中山大納言(榮親)・萬里小路大納言(稙房)・冷泉中納言(下冷泉宗家)・新中納言隆英(八條)、・左兵衞督小忌(正親町三條公積)、・三条中納言・右兵衞督(上冷泉爲村)・左宰相中將基望(園)、・新左宰相中將実文小忌、・右宰相中將宜季(小倉)、・宮內卿(樋口基康)、少納言家長朝臣、辨説道、

左右次將

次將左榮敦朝臣(大原)・宗城朝臣(難波)・公繩朝臣(阿野)・隆義朝臣(油小路)・定興朝臣(今城)、右定之朝臣(野宮)・公城朝臣(德大寺)・基貫朝臣(壬生)・實胤朝臣(四辻)・有榮(六條)、

通兄所勞により節會不參

(25オ)

及晩以使章典(辻)、示頭中將云、今夜節會依所勞不」參仕之旨者、

非參議三位樋口基康祿所を勤む

非參議を召し見參を賜ふこと內辨の所爲不審

後聞、中山大納言白黑酒以後早出、新中納言一獻以後早出、右兵衞督謝酒拜以後早出、左宰相中將勤御酒使不復座早出、右宰相中將勤雜事催、宣命使(橋本實文)、宮內卿着祿所云々、非參議三位所役若有先例歟、新左宰相中將・右宰相中將在座、一人相兼宣命使・祿所之儀、勿論也、小忌參議所役又有先例、然而召非參議賜見參事、內弁(二條宗基)所爲不普通矣、

十九日、乙巳、晴、

上皇の御容態

(25ウ)

午時許參內、申時許參院、御腫物一昨日聊雖潰、膿汁未令發給云々、小時退」出、向葉室大納言許、須臾對話之後歸、

廿日、丙午、曉天雨降、及天明晴、

午時許參町口、次參內、未時許退出、
源中納言(中院通枝)被來對話、
鷹峯邊火事
丑時許西北方有火、鷹峯云〻、
廿一日、丁未、晴、
巳時許參攝政對面、次向葉室大納言許面話、次參內、未斜參院、秉燭之後退出、
廿二日、戊申、晴、
午時許參內、未斜退出、
廿三日、己酉、晴、
巳時許向葉室大納言許、依對」面于武家使也、次參內、未斜退出、參町口、
(26オ)
廿四日、庚戌、晴、
午斜參內、
新御茶壺口切
是日被開新御茶壺、賜酒饌、入夜事了退散、
廿五日、辛亥、晴、
上皇の御容態
午時許參內、未時許參院、召御前、御腫物聊膿汁令發給云〻、日沈西山之程退出、
廿六日、壬子、或晴、或陰、

盲目法師を召し平家物語を謠はしむ

午時許參內、申斜退出、
及晩源中納言・前源中納言(六條有起)・前源宰相(岩倉恒具)・東久世三」位(通積)等被來、有盃酌、召盲目法師、令謠 (26ウ)
平家物語、入夜各被歸、
廿七日、癸丑、天陰、晩來疎雨、
午時許參內、未時許退出、
廿八日、甲寅、晴、

院中に召され新茶酒饌を賜はる

是日於院中賜新御茶・酒饌、下官・葉室大納言・別當(柳原光綱)・帥中納言(廣橋兼胤)・大藏卿(芝山重豐)・東久世三位
等應召參入、於御書院御對面、於便所賜酒饌了、入夜退散、
廿九日、乙卯、晴、

所司代邸に赴く

巳斜葉室大納言被來、同道向牧野備後守(貞通)許、次參內、次參院、退出之」次、參町口、 (27オ)
卅日、丙辰、晴、晩來陰、入夜雨降、
午時許參內、黃昏之程退出、

十二月小

一條兼香末子三寶院室相續の事仰出さる

一日、丁巳、宿雨未止、午時許屬晴、太相府（一條兼香）末子童名安敦君、二歳、三寶院室相續之事、任願被仰下、葉室大納言（頼胤）入來、予相共召太相府家人・三宝院坊官等仰之、

午時許參內、未斜退出、參院、小時退出、參」町口（久我惟通邸）、

(27ウ)

二日、戊午、晴、

午時許參內、未斜退出、

諸社參詣

三日、己未、晴陰、雪飛〻（霏）、

朝間詣榊・洛北八幡・御靈・北野、

午時許參內、未斜退出、

將軍進獻の拳の鶴並に茶を通兄等に賜ふ所司代も召さる

四日、庚申、晴、

今日自將軍（徳川家重）家進獻之拳之鶴用御饌、且同進獻之御茶供之、仍下官・葉室大納言賜酒饌・御茶、牧野備後守（貞通）參入、同賜之、上（桃園）不出御、攝政（一條道香）於便所對面于備後守、

申斜予退出、參院、小時退出、

上皇の御容態

(28オ)

院(櫻町)御腫物潰、日〻膿令發給、御氣色快御云〻、

入夜參町口、源中納言(中院通枝)・幸雅朝臣(植松)・通敬(愛宕)・有榮(六條)等被參會、盃酌數巡、丑時許退散、

五日、辛酉、晴、

巳斜八条中納言(隆英)被來對談、此後葉室大納言被來、暫對話之後被歸、

四條縄手邊火災

午斜參內、未時許參院、小時候之間、東南方有火、四條縄手邊云〻、雖程不近、火熾盛之間、還參內、日沒之程火滅、此後退出、

六日、壬戌、晴、

所司代邸に赴く

巳半時許向牧野備後守許、次參內、未時許退出、

(28ウ)

申時許參太后(皇太后二條舍子)御方、次參院、小時退出、

七日、癸亥、陰雨、

午時許參內、未斜退出、參町口、

八日、甲子、陰雨、

所労不參

依所勞不參、

九日、乙丑、晴、

皇太后宮權大夫（庭田重煕）入來對話、
午時許參內、未斜退出、參式部卿宮（家仁親王）・兵部卿宮（貞建親王）・同北方（秋子内親王）等、
十日、丙寅、晴陰、時々疎雨、

上皇の御容態

午時許參內、申時許退出、參院、召御前、御腫物漸令減給云々、小時退出、參攝政許、對
話之後歸、」
今日自院賜御肴、棘鬣魚、自上臈新大納言、以奉書被傳之、即進請文了、參院之時、附女房畏
申之、
(29オ)

久我惟通石清水に參詣

大臣殿（久我惟通）是日令參詣于石清水給、
十一日、丁卯、晴、
午時許參內、晡時退出、參町口、
十二日、戊辰、晴陰、入夜雨降、
午時許參院、申時許參內、秉燭之後退出、

宮中御神事入

從今夜公家御神事、明後日内侍所臨時御神樂、

葉室頼胤辭權大納言

賴胤卿（葉室）辭權大納言、
十三日、己巳、陰晴、

午時許參內、未斜退出、
是日大臣殿令渡給、入夜令還給、
(29ウ)
十四日、庚午、晴、
巳斜參町口、次參內、退出之次、參院、小時退出、
入夜葉室前大納言(賴胤)被來、移剋被歸、
內侍所臨時御神樂
內侍所臨時御神樂、本拍子皇太后宮權大夫、末拍子重度朝臣(大原)、奉行職事俊逸朝臣(坊城)云々、
十五日、辛未、陰、入夜雪降、
神宮以下遙拜
朝間拜伊勢・內侍所・石清水・同末社・吉田・祇園、
午時許參內、未斜退出、
(30オ)
黃昏之程、向源中納言許面話、次向前源中納言(六條有起)許、源中納言・東久世三位(通積)被來会、盃酌數巡、及深更歸、
十六日、壬申、陰、雨雪、
午時許參內、
法中參內
今日國泰寺・同末寺等參上、住持職之御礼、無御對面、
申斜退出、

來廿二日御煤拂御見舞之事、從勾當內侍被觸、書加奉了之由了、

消息宣下上卿

自頭中將(正親町實連)許送御教書曰、

口宣一紙獻上之、早可令下知給之狀」如件、

十一月廿八日　右中將藤原(正親町)實連奉

進上　源大納言(久我通兄)殿

(30ウ)

延享四年十一月廿八日宣旨

熊本藩主細川重賢任侍從

從四位下源(細川)重賢朝臣

宜任侍從、

藏人頭右近衛權中將藤原實連奉

大外記に下知す

答承了由、卽下知大外記師充(押小路)曰、

口宣一紙

從四位下源重賢朝臣

宜任侍從事、

右、職事仰詞內々奉入之、早可被下知之狀如件、

十一月廿八日　權大納言(久我通兄)判

大外記局

(31オ)

十七日、癸酉、雪舗地、

所勞不參

依所勞不參、

十八日、甲戌、陰晴、

巳斜參町口、次參內、申時許參院、黄昏退出、

千種有補嫡男の敍爵を諾す

有補(千種)朝臣入來、嫡男(有政)五歳、申爵之事被示告、答可然之由了、

十九日、乙亥、晴、

今日大臣殿令渡給、秉燭之後令還給、

女節子と熊本藩主重賢と婚姻を諒承す

女子節子、婚嫁于肥後侍從重賢朝臣之事、今日自故宗孝(細川)朝臣後室(德川宗直女)号靜證院、以使所望、仍令領

狀了、

(31ウ)

所司代邸に赴く

午半時許參院、小時參內、次向牧野備後守(貞通)許、次還參內、又參院、召御前、次還參內、

于時酉半時許、此後葉室前大納言・議奏衆等參集、

葉室賴胤の武家傳奏辭職を聽許

於便所八景画間、下官・議奏衆帥中納言(廣橋兼胤)以下、列座、攝政(一條道香)自本被坐此所、召葉室前大納言、攝政被仰

云、以耳遠、諸事聞誤之程無覺束之由、被辭武家傳奏之事、未及老衰之間、今暫可有勤

仕之由、雖可被仰下、辞退及度〻之間、今度任申被免、多年勤仕此役、經三代無懈怠之

後任柳原光綱

（32オ）

事、叡感」之旨者、前大納言畏申退去、次召別當（柳原光綱）、攝政被仰云、葉室前大納言依辞武家傳奏之事、任申被免了、其替之事被仰下之旨者、別當固辞、攝政被命速申領狀可然之由、下官亦加言、此上別當被申領狀了、此後召別當於常御殿傍御對面、次召葉室前大納言於同所御對面、

賴胤辞職の手順

當月上旬葉室前大納言辞申、耳遠、諸事聞誤之程無覺束之由也、附下官被辞申、下官申入攝政、〻〻以下官被申于院之處、可仰武家之由被仰下、且替之人體同可仰武家云〻、彼納言未及老衰、今暫勤此役雖可然、辞退及」

多年懈怠なく勤仕神妙に思食す旨上皇より御書を以て通兄に仰下さる

御書は賴胤拜見後返上

（32ウ）

度〻之間、於今度者、被仰于武家之上、可被免、公武繁雜之事、多年無懈怠勤仕神妙思食、此旨可傳于彼納言之由、自院以御書被仰下于下官、〻〻傳仰此趣於彼卿之處、畏悅不少之由申之、於御書者、彼卿拜見之後返上了、彼卿任申可被免事、替人體別當・帥中納言兩卿之中云〻、之事等、下官仰牧野備後守貞通朝臣、〻〻〻〻卽申關東之処、替可爲別當之由告來之旨、今日貞通附下官言上之、卽下官申攝政、〻〻以下官被申入于院、此後所及御沙汰也、」

九條尙實敍正二位

（33オ）

亥終各退散、

今日尙実（九條）卿敍正二位、

廿日、丙子、晴陰、入夜雨降、
巳斜參町口、次參內、未斜退出、向葉室前大納言面話、及盃酌、次向別當許、須臾對談之後歸、

柳原光綱を伴い所司代邸に赴く

廿一日、丁丑、晴陰、時々雨降、
巳時許別當被來、同伴向牧野備後守許、對話之後歸、
午時許參內、未時許退出、

上皇より御養子喜久宮深曾木の節久我惟通御鬢に候すべき由仰下さる

申時許別當入來、又同伴向牧野備後守許、次予參院、謁八條中納言言談了、欲退出之処、納言示云、來廿六日喜久宮（貞建親王王子、院御養子）御方可有御深曾」（33ウ）木、前右相府（久我惟通）可令候御鬢給之由、所被仰下也、此旨以消息可申之処、足下被參入之由聞食之間、可傳申之旨、御氣色也云々、又納言云、御深曾木爲內々之儀、前右相府如平日御參、可令着狩衣直衣給之由、是又御氣色也、剋限巳剋御參可然云々、大臣殿御領狀之趣者、以書可示送之由被告之、予卽參町口、此趣申大臣殿、令申奉了由給、仍以書大臣殿領狀給之由、示八條中納言許了、

內々の儀故狩衣直衣にて參るべし

惟通領狀申す

廿二日、戊寅、晴陰、
巳時許別當被來、依賜位記・宣旨於武家使也、
午時許參院、次參內、

常御殿御煤拂

是日常御殿御煤拂也、秉燭之後、予退出、

(34オ)

廿三日、己卯、晴陰、時々雪飛、

巳時許參內、

内々能御覽

是日內々能御覽也、

上皇皇太后内裏に幸啓
天皇御有氣明御祝あり

午半剋許太后行啓、未斜上皇御幸、入夜召近臣於御學問所賜酒、依主上(桃園)御有氣明也、戌時許太后還御、戌半時許上皇還幸、及亥終諸臣退散、

廿四日、庚辰、晴陰、

午時許參院、賀申昨日之儀、次參內、以女房賜物、未斜退出、

所司代邸に赴く

(34ウ)

申時許別當入來、同道向牧野備後守許、予」歸路之次、參町口、

廿五日、辛巳、朝間陰、午後北風烈々、雲散屬晴、

巳時許有榮被來、暫時對話、

午時許參內、未斜退出、

節會習禮

黃昏之程、前源中納言・前源宰相・東久世三位・有榮等被來、節會之習礼了、亥時許被歸、

降雪

廿六日、壬午、雪舖地、

官位御沙汰
五條爲範任權大納言

裏松光世河鰭季滿芝山持豐野宮定和山井兼敦石山基陳千種有政敍爵

久我家人豐岡玄益敍法橋

上皇御養子喜久宮御深曾木

久我惟通御鬢に候す

降雪

上皇御腫物全癒せられざるにより元日の四方拜の事につき通兄等の所存を聞かせらる

通兄の所存四方拜は神齋に非ず嚴寒の節故略儀を用いられ然るべし

午斜參內、

(35オ)

此日官位御沙汰也、爲範(五條)卿任權大納言、式部大輔如旧、公言(今出川)童形、任侍從、宗家(下冷泉)卿兼民部卿、宗(難波)城朝臣敍正四位下、去二月一日師言朝臣同日分、光香(山科)(北小路)朝臣敍從四位上、尙明(穗波)敍正五位下、兼隆(吉田)・宗濟(松本)」敍從五位上、益光(裏松)卿男藤原光世十二歲、・輝季(河鰭)卿男藤原季滿五歲、・重豐(芝山)卿男藤原持豐六歲、・定之(野宮)朝臣男藤原定和《ノフ》六歲、・氏榮(山井)朝臣男藤原兼敦九歲、・基名(石山)朝臣男藤原基陳《ヒサ》四歲、・有補(千種)朝臣男源有政五歲、敍從五位下、卜部兼矩(藤井)任治部權少輔、敍從五位下、聽昇殿、晴宣(穗波)卿辞治部卿、地下輩・僧侶任官敍位多〻、此中玄益卅五歲、号豐岡、多賀故法橋玄孝門人、京住醫師也、故玄益男、是當家家人也、敍法橋、今日喜久宮院御養子、一乘院相續、母典侍定子(姉小路)、実者兵部卿宮四男、御深曾木也、於院中有其儀、最略之儀、於御書院有其事云〻、大臣殿令着小直衣給、令候御鬢給、被用鑷子云〻、」

(35ウ)

廿七日、癸未、陰、雪(霏)飛〻、

已斜別當被來、同伴向牧野備後守許、次予參院、帥中納言同參入、兩人召御前、御腫物未全癒、膿汁令發給、仍來年元日御鎭守御拜者不可有、於四方拜者無子細思食、且花園院御宇、御面部雖有御腫物、有四方拜、旁來春可有四方拜之由被思食、尙亦兩人有所存者可申之由被仰、文保元年花園院宸記拔粹以宸翰令注折紙被下之、下官申云、四方拜者非御神齋之間、無子細候歟、且有花園院御例、然而嚴寒之時節、曉更御動搖之事、爲不成御腫物之御障、被用略儀可然

候歟者、帥卿被申旨大」略同之、此後予退出、直參內、

（36オ）

中山榮親議奏仰付らる

今日中山(榮親)大納言被加議奏列、攝政於八景畫間被仰之、予・別當・議奏衆等列座、

黃昏之程予退出、參町口、

廿八日、甲申、陰、

午時許參內、黃昏退出、

廿九日、乙酉、晴陰、

辰斜參町口、次詣前內府(花山院常雅)許對話、次向八條中納言許、不及面會歸、

午時許參內、申斜退出、參太后御方、次參院、黃昏退出、

（36ウ）

來春披露始に男俊通從三位を望む小折紙を頭中將に附す例書を副ふ

來春披露始、俊通(久我)朝臣可申從三位、仍今日小折紙附頭中將実連(正親町)朝臣、相副例書、久我右大將(通忠)殿寬喜二年三月十四日敍正四位下、十四才、同年」十月廿五日敍從三位、千種殿(通相)建武元年七月九日敍正四位下、九才、同四年十二月四日敍從三位、十二才、余享保八年六月五日敍正四位下、十五才、同九年壬四月廿一日敍從三位十六才、等注進之、近來每度被尋例之間、相副之、以中原章典(辻)爲使、

○以下、八行分アキ。

平成十四年七月二十日　印刷
平成十四年七月二十五日　発行

史料纂集 ⑬1
通兄公記　第八
校訂　今江廣道
　　　平井誠二

発行者　太田史
製版所　続群書類従完成会製版部
東京都豊島区南大塚二丁目三五番七号
印刷所　株式会社平文社
東京都豊島区北大塚一丁目一四番六号
発行所　株式会社 続群書類従完成会
電話〇三（三九一五）五六二一
振替〇〇一二〇-三-六二六〇七

史料纂集以外の既刊書目

古文書・古記録

石清水八幡宮史	全9冊
石清水八幡宮史料叢書	全5冊
続石清水八幡宮史料叢書	第1〜3
鹿島神宮文書	全1冊
久我家文書	全5冊
松浦党関係史料集	第1〜2
三峯神社史料集	全7冊
新稿一橋徳川家記	全1冊
当代記・駿府記	全1冊
皇居行幸年表	全1冊
泰平年表	全1冊
続泰平年表	第1
お湯殿上の日記	全11冊
折田年秀日記	第1
看聞御記	全2冊
満済准后日記	全2冊
鹿苑日録	全7冊
梅花無尽蔵注釈	全5冊
実隆公記	全20冊
言継卿記	全6冊
梅花無尽蔵注釈別巻	全1冊
和訳花園天皇宸記	第1
園太暦	第1〜4
相馬藩世紀	第1
三峯神社日鑑	第1〜3

補任・系図

衛門府補任	全1冊
官史補任	全1冊
蔵人補任	全1冊
国司補任	全6冊
近衛府補任	全2冊
新摂関家伝	第1
弁官補任	全3冊
検非違使補任	全2冊
歴名土代	全1冊
尾張群書系図部集	全2冊
寛永諸家系図伝	全17冊
寛政重修諸家譜	全26冊
寛政重修諸家譜家紋	全1冊
公卿諸家系図 ―諸家知譜拙記―	全1冊
群書系図部集	全7冊
断家譜	全3冊
徳川諸家系譜	全4冊

索引

寛政重修諸家譜	24〜26
寛永諸家系図伝	16〜17
国司補任	6
梅花無尽蔵注釈	5
熊野那智大社文書	6
師守記	11
鹿苑日録	7
群書解題	12〜13
実隆公記	20
平家物語証注	索引
神皇正統記注解	索引
山科家礼記	6

史料纂集既刊書目一覧表

古文書編

配本回数	書名	巻数
①	熊野那智大社文書	1
②	言継卿記紙背文書	1
③	熊野那智大社文書	2
④	西福寺文書	全
⑤	熊野那智大社文書	3
⑥	青方文書	1
⑦	五条家文書	全
⑧	熊野那智大社文書	4
⑨	青方文書	2
⑩	熊野那智大社文書	5
⑪	気多神社文書	1
⑫	朽木文書	1
⑬	相馬文書	全
⑭	気多神社文書	2
⑮	朽木文書	2
⑯	大樹寺文書	全
⑰	飯野八幡宮文書	全
⑱	気多神社文書	3
⑲	光明寺文書	1
⑳	入江文書	全
㉑	光明寺文書	2
㉒	賀茂別雷神社文書	1
㉓	沢氏古文書	1
㉔	熊野那智大社文書索引	
㉕	歴代古案	1
㉖	歴代古案	2
㉗	長楽寺文書	全
㉘	北野神社文書	全
㉙	歴代古案	3
㉚	石清水八幡宮文書外	全
㉛	大仙院文書	全
㉜	近江大原観音寺文書	1
㉝	歴代古案	4

史料纂集既刊書目一覧表

(77)	師郷記	3
(78)	妙法院日次記	3
(79)	田村藍水西湖公用日記	全
(80)	花園天皇宸記	3
(81)	師郷記	4
(82)	権記	2
(83)	妙法院日次記	4
(84)	師郷記	5
(85)	通誠公記	1
(86)	妙法院日次記	5
(87)	政覚大僧正記	1
(88)	妙法院日次記	6
(89)	通誠公記	2
(90)	妙法院日次記	7
(91)	通兄公記	1
(92)	妙法院日次記	8
(93)	通兄公記	2
(94)	妙法院日次記	9
(95)	泰重卿記	1
(96)	通兄公記	3
(97)	妙法院日次記	10
(98)	舜旧記	6
(99)	妙法院日次記	11
(100)	言国卿記	8
(101)	香取大禰宜家日記	1
(102)	政覚大僧正記	2
(103)	妙法院日次記	12
(104)	通兄公記	4
(105)	舜旧記	7
(106)	権記	3
(107)	慶長日件録	2
(108)	鹿苑院公文帳	全
(109)	妙法院日次記	13
(110)	国史館日録	1
(111)	通兄公記	5
(112)	妙法院日次記	14
(113)	泰重卿記	2
(114)	国史館日録	2
(115)	長興宿禰記	全
(116)	国史館日録	3
(117)	国史館日録	4
(118)	通兄公記	6
(119)	妙法院日次記	15
(120)	舜旧記	8
(121)	妙法院日次記	16
(122)	親長卿記	1
(123)	慈性日記	1
(124)	通兄公記	7
(125)	妙法院日次記	17
(126)	師郷記	6
(127)	北野社家日記	7
(128)	慈性日記	2
(129)	妙法院日次記	18
(130)	山科家礼記	6
(131)	通兄公記	8

史料纂集既刊書目一覧表

古記録編

配本回数	書名	巻数
①	山科家礼記	1
②	師守記	1
③	公衡公記	1
④	山科家礼記	2
⑤	師守記	2
⑥	隆光僧正日記	1
⑦	公衡公記	2
⑧	言国卿記	1
⑨	師守記	3
⑩	教言卿記	1
⑪	隆光僧正日記	2
⑫	舜旧記	1
⑬	隆光僧正日記	3
⑭	山科家礼記	3
⑮	師守記	4
⑯	葉黄記	1
⑰	経覚私要鈔	1
⑱	明月記	1
⑲	兼見卿記	1
⑳	教言卿記	2
㉑	師守記	5
㉒	山科家礼記	4
㉓	北野社家日記	1
㉔	北野社家日記	2
㉕	師守記	6
㉖	十輪院内府記	全
㉗	北野社家日記	3
㉘	経覚私要鈔	2
㉙	兼宣公記	1
㉚	元長卿記	全
㉛	北野社家日記	4
㉜	舜旧記	2
㉝	北野社家日記	5
㉞	園太暦	5
㉟	山科家礼記	5
㊱	北野社家日記	6
㊲	師守記	7
㊳	教言卿記	3
㊴	吏部王記	全
㊵	師守記	8
㊶	公衡公記	3
㊷	経覚私要鈔	3
㊸	言国卿記	2
㊹	師守記	9
㊺	三藐院記	全
㊻	言国卿記	3
㊼	兼見卿記	2
㊽	義演准后日記	1
㊾	師守記	10
㊿	本源自性院記	全
51	舜旧記	3
52	台記	1
53	言国卿記	4
54	経覚私要鈔	4
55	言国卿記	5
56	言国卿記	6
57	権記	1
58	公衡公記	4
59	舜旧記	4
60	慶長日件録	1
61	三箇院家抄	1
62	花園天皇宸記	1
63	師守記	11
64	舜旧記	5
65	義演准后日記	2
66	花園天皇宸記	2
67	三箇院家抄	2
68	妙法院日次記	1
69	言国卿記	7
70	師郷記	1
71	義演准后日記	3
72	経覚私要鈔	5
73	師郷記	2
74	妙法院日次記	2
75	園太暦	6
76	園太暦	7

通兄公記　第8　　史料纂集 古記録編〔第131回配本〕
〔オンデマンド版〕

2014年1月30日　初版第一刷発行　　定価（本体9,000円＋税）

校訂　今江廣道
平井誠二

発行所　株式会社　八木書店 古書出版部
代表 八木乾二
〒101-0052 東京都千代田区神田小川町3-8
電話 03-3291-2969(編集) -6300(FAX)

発売元　株式会社　八木書店
〒101-0052 東京都千代田区神田小川町3-8
電話 03-3291-2961(営業) -6300(FAX)
http://www.books-yagi.co.jp/pub/
E-mail pub@books-yagi.co.jp

印刷・製本　(株)デジタルパブリッシングサービス

ISBN978-4-8406-3363-5　　AI395